「絵を見て話せる タビトモ会話」の使い方

はじめよう / 歩こう / 食べよう / 買おう / 極めよう / 伝えよう / 日本の紹介 / 知っておこう

大きなイラスト単語

場面状況がわかる大イラスト。イラストに描かれている個々の名称、想定される単語なども詳しく示しました。フレーズ例と組み合わせる単語としても使えます。英語も付いています。

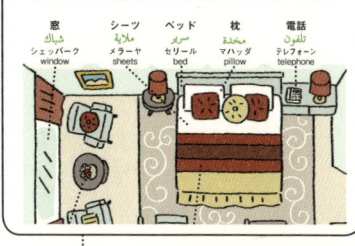

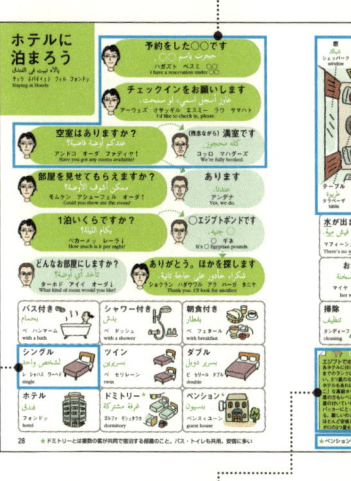

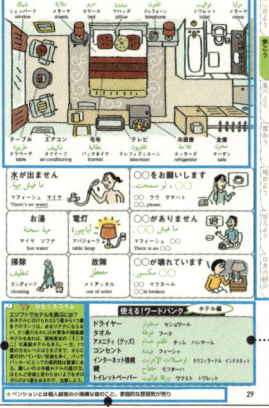

チェックインをお願いします …… 日本語
…… 現地語
…… 現地語読み
…… 英語

空室はありますか？

(残念ながら)満室です / あります
We're fully booked. / Yes, we do.

日本人 / エジプト人

※日本人と現地のエジプト人とをイラストでわかりやすく示し分けています。左側の男女が日本人、右側の男女がエジプト人を表しています。

行動別インデックス

旅先でしたいことを行動別に検索できるカラーインデックス。それぞれ行動別に区切りをつけて色別に構成しました。さあ、あなたはこれから何をする？

使える！ワードバンク

入れかえ単語以外で、その場面で想定される単語、必要となる単語をひとまとめにしました。ちょっと知っておくと役立つ単語が豊富にあります。

ひとくちコラム

お国柄によって異なる文化、マナーやアドバイスなど役立つ情報を小さくまとめました。ほっとひと息つくときに読んでみるのもおすすめです。お国柄にちなんだイラストが案内してくれます。

はみ出し情報

知っておくと便利な情報などをまとめました。おもしろネタもいっぱいで必見。

JN320275

絵を見て話せる タビトモ会話
目次

カイロ★

はじめよう
マンガ 習慣 …… 4 
- あいさつをしよう …… 6
- 呼びかけよう …… 8
- 自己紹介をしよう …… 10
- ボディ・ランゲージで会話しよう …… 12

歩こう
マンガ 道の渡り方 …… 14
- エジプトを巡ろう …… 16
- カイロを歩こう …… 18
- 市内を移動しよう …… 20
- 別の町へ移動しよう …… 22
- 道を尋ねよう …… 24
- 観光しよう …… 26
- ホテルに泊まろう …… 28

食べよう
マンガ 甘党 …… 30
ハト …… 31

[これ、食べよう！ 欲張りメニュー]
- 予約と注文 …… 32
- 朝食、軽食 …… 34
- 前菜、スープ、サラダ …… 36
- 魚、肉料理 …… 38
- デザート、飲みもの …… 40
- マクハーで一服 …… 42
- 調理方法と味付け …… 44
- 野菜、果物、乳製品 …… 46

買おう
マンガ 勝負!? …… 48
- お店を探そう …… 50
- 好きな色、柄、素材を探そう …… 52
- 欲しい服、アイテムを探そう …… 54
- 化粧品、アクセサリーを買おう …… 56
- スーパー、雑貨店へ行こう …… 58
- 市場へ行こう …… 60

エジプト

エジプト・アラビア語 + 日本語・英語

極めよう

マンガ エジプトといえば…… 62

エジプトの歴史を極めよう ……………… 64
歴史上の人物を極めよう ………………… 66
ピラミッドを極めよう …………………… 68
古代の神殿を極めよう …………………… 70
イスラーム建築を極めよう ……………… 72
ヒエログリフ、古代の神々を知ろう …… 74
エジプトの宗教を極めよう ……………… 76
エジプトの舞踊、音楽を極めよう ……… 78
エジプト映画を極めよう ………………… 80
暦、祭り、季節 …………………………… 82

伝えよう

マンガ エジプトの
インシャーアッラー… 84

数字 ………………………………………… 86
時間 ………………………………………… 88
年、月、日、曜日 ………………………… 90
家族、友だち、人の性格 ………………… 92
趣味、職業 ………………………………… 94
自然、動植物とふれあおう ……………… 96
訪問しよう ………………………………… 98
疑問詞、動詞 ……………………………… 100
形容詞、感情表現 ………………………… 102
［さあ、困った！ お助け会話］
体、体調 …………………………………… 104
病気、ケガ ………………………………… 106
事故、トラブル …………………………… 108
column エジプトのアラビア語 ……… 110

日本の紹介

日本の地理 ………………112
日本の一年 ………………114
日本の文化 ………………116
日本の家族 ………………118
日本の料理 ………………120
日本の生活 ………………122
column 日本とエジプトの関係 ………124

知っておこう

エジプトまるわかり ……………126
エジプトアラビア語が上達する文法講座 …128
エジプトにまつわる雑学ガイド …………134
50音順エジプトアラビア語単語帳 …136
お役立ち単語コラム
出入国編 ……………………137
電話・通信編 ………………139
両替編 ………………………141

はじめよう

男性同士でも身体接触が過剰なエジプト。なかには下心のあるエジプト人もいるので、女性の旅行者は特に注意しよう。

習慣

エジプトでは、こんな光景を見ても

こんな光景を見ても

こんな光景を見ても

どれも普通のあいさつです

あこ　キリコ：世界中を旅するきままな日本人女子。モデルはあなたかもしれません

キスの作法は相手の右ほほ、左ほほ、再び右ほほというのが一般的

へーそうなんだ

そうなんです♡

え

ちょっと待った

「異性間では家族、恋人でないかぎり、ハグやキスの習慣はない」って書いてある

こういう人には気をつけましょう

はじめよう / 歩こう / 食べよう / 買おう / 極めよう / 伝えよう / 日本の紹介

★エジプト人のジェスチャー、習慣についてはP12〜13も参照しよう

あいさつを しよう

يلاه نسلم
ヤッラ ネサッレム
Greetings

こんにちは
السلام عليكم
エッサラーム アレイクム
Hello.

こんにちは (返事)
وعليكم السلام
ウ アレイクムッ サラーム
Hello.

おはよう
صباح الخير
サバーヘル ヘール
Good morning.

おはよう (返事)
صباح النور
サバーヘン ヌール
Good morning.

こんばんは
مساء الخير
メサーエル ヘール
Good evening.

こんばんは (返事)
مساء النور
メサーエン ヌール
Good evening.

さようなら
مع السلامة
マアッ サラーマ
Goodbye.

神の御心次第 ➡ P84
إن شاء الله
インシャーアッラー
God Willing.

ひとくちコラム
あいさつの返事は決まっている？！
「エッサラーム アレイクム（あなたの上に平安あれ）」は本来、イスラーム教徒どうしのあいさつだが、エジプトでは一般的に使われる。時間帯を問わず使えて便利。ただし返事は語順をひっくり返すこと。「サバーヘル ヘール（よい朝）」といわれたら、必ず「サバーヘン ヌール（光の朝）」と答えねばならない。おしゃべり好きのエジプト人を見習って、あいさつの決まり文句はぴしっと決めたい。

● ていねいなあいさつ

はじめまして
تشرفنا
タシャッラフナ
Hello.

こちらこそ。私もお会いできてうれしいです
أنا أسعد
アナ アスアド
Nice to meet you, too.

お会いできて光栄です
فرصة سعيدة
フォルサ サイーダ
Nice to meet you.

よろしくお願いします
أهلا وسهلا
アハラン ウ サハラン
It's a pleasure.

★ 朝のあいさつには、「サバーヘル フォッル」「サバーヘル ヤスミーン」という表現もある。どちらも「ジャスミンの朝」の意味

どうもありがとう
شكرا
ショクラン
Thank you.

どういたしまして
عفوا
アフワン
You're welcome.

ごきげんいかがですか？
إزيك؟
エッザイイェック
How are you?

元気です ★
كويسة الحمد لله
クワイィエサ エルハムド レッラー↓
I'm fine.

具合が悪いです
مش كويسة
メシュ クワイィエサ↓
I don't feel well.

お大事に
سلامتك
サラムテック
Get well soon.

また明日！
أشوفك بكرة
アシューファック ボクラ
See you tomorrow!

ひとくちコラム
アッラーへの感謝を忘れない
信仰心の厚いエジプト人。「クワイィエス（元気です）」と答えたあとは「アル ハムドゥ リッラー（アッラーのおかげで）」とひとこと添えよう。

●気軽なあいさつ

元気？
عامل إيه؟
アーメル エー
What's up?

調子はどう？
أخبارك إيه؟
アハバーラック エー
How's it going?

まぁまぁかな。あなたは？
يعني. وانت؟
ヤアニー ウ エンタ
So so. How's it going with you?

はじめよう / 歩こう / 食べよう / 買おう / 極めよう / 伝えよう / 日本の紹介

★「元気です」は、男性が言う場合にはクワイィエスと男性形にする。「あなたは？」の女性形は「エンティ」。相手の性別で使い分けよう

呼びかけよう

يالاه ندردش
ヤッラ ネダルデシュ
Addressing Others

すみません (恐れ入りますが…)
لو سمحت!
ラウ サマハト↓
Excuse me.

はい、何でしょうか?
أي خدمة؟
アイイ ヘドマ↑
Yes, go ahead.

写真を撮ってもらえますか?
ممكن تصوريني؟
モムケン テサウワレニ↑
Would you take my photo?

写真を撮ってもいいですか?
ممكن أصور هنا؟
モムキン アサウワル ヘナ↑
Can I take a photo?

はい、いいですよ
ممكن قوي.
モムキン アウィ↓
Yes, of course.

いいえ、ダメです
لأ، مش ممكن.
ラ メシュ モムキン↓
No, I'm sorry.

○○**さん** (男性) ○○ مستر メステル ○○ Mr.○○	○○**さん** (既婚女性) ★ ○○ مدام マダーム ○○ Mrs.○○	○○**さん** (既婚女性) ★ ○○ ست セット ○○ Mrs.○○
○○**さん** (未婚女性) آنسة ○○ アーネサ ○○ Miss○○	○○**の父** ★★ ○○ أبو アブ ○○ ○○'s father	○○**の母** ★★ ○○ أم オンム ○○ ○○'s mother
○○**先生** (医師など) دكتورة ○○ / ○○ دكتور ドクトール○○／(女) ドクトーラ○○ doctor○○		○○**教授** (社会的に地位のある人) أستاذة ○○ / ○○ أستاذ オスターズ○○／(女) オスターザ○○ professor○○

ひとくちコラム

巡礼者に対する敬称もある?!
敬虔なイスラム教徒も多いエジプト。人々を呼びかける際に使う呼び名にもイスラム文化が根付いている。たとえば、メッカ巡礼を終えた人に対する敬称として「○○ حاج／○○ حاجة ハッグ／(女) ハッガ」という呼び方がある。この言葉は自分より年輩の人を敬うときの敬称としても使われる。

使える!ワードバンク 呼びかけ編

○○おじさん	○○ عم	アンモ ○○
○○おばさん	○○ خالة	ハルト ○○
お兄さん	بشمهندس	バシュモハンデス
お姉さん	آنسة	アーネサ
タクシーの運転手さん	أسطى	オスタ
バスの切符売りの人	ريس	ライエス
愛しい人	حبيبي／حبيبتي	ハビービ／(女) ハビブティ

★マダームは身分の高い既婚女性に対して使う、セットはメイドなど身分が下の既婚女性に対して使う

どうかしましたか？
ما لك؟
マー レック↓
What's wrong?

道に迷いました
تهت.
トフト↓
I'm lost.

はい
أيوه.
アイワ↓
Yes

いいえ
لأ.
ラ↓
No

OKですか？
ماشي؟
マーシ↑
Are you OK?

OKです
ماشي!
マーシ↓
I'm OK.

わかりました
فهمت.
フェヘムト↓
I understand.

わかりません
مش فاهم.
メシュ ファーヘム↓
I don't understand.

知っています
عارف.
アーリフ↓
I know.

知りません
مش عارف.
メシュ アーリフ↓
I don't know.

もう1度言ってください
نعم؟، أفندم؟
アファンデム↑／ナアム↑
Could you say that once more?

ゆっくり話してください
بشويش لو سمحت.
ベシュウェーシュ ラウ サマハト↓
Could you speak slower?

（何かをすすめられて）結構です
لأ، شكرا.
ラ ショクラン↓
No thank you.

ちょっと待ってください
دقيقة من فضلك.
ディーア ミン ファドラック↓
Wait a minute, please.

ようこそ
أهلا وسهلا.
アハラン ウ サハラン↓
Welcome.

おじゃまします
أهلا بيك.
アハラン ビーク↓
I'm glad to be here.

おいとまします
أنا ماشي دلوقتي.
アナ マーシ デルワアティ↓
It's about time I leave.

もしもし
ألو
アロー↑
Hello?

はいはい
حاضر
ハーデル↓
Yes, go ahead.

使える！ワードバンク　あいづち編

日本語	アラビア語	カタカナ
本当？	صحيح؟	サヒーフ↑
そうだね	صح.	サッハ↓
すごい	عظيم.	アズィーム↓
すばらしい	ما شاء الله.	マシャーアッラー↓
そのとおり	بالظبط، مظبوط.	ビザブト↓ マズブート↓
もちろん	طبعا	タブアン↓
そうでしょ？	مش كده؟	メシュ ケダ↑

★★「○○の父」「○○の母」という呼び方は、まだ男の子が生まれていなくても、長男に命名予定の名と組み合わせて使われることもある。ただし、身分の高い人には使わない

自己紹介をしよう

يالاه قدم نفسك
ヤッラ アッデム ナフサック

Introductions

ひとくちコラム
職業を聞かれたら
モワッザフは「職員」を表す意味の広い語。単独で「公務員」の意にもなる。例えば銀行員なら、後ろに「バンク」と添えて職種を限定しよう。

会社員
موظف شركة
モワッザフ シャレカ
public employee

主婦
ربة بيت
ラッベト ベート
housewife

定年した
طلعت ع المعاش
テレウト アルマアーシュ
retired

初めて
أول مرة
アウワル マッラ
for the first time

仕事
شغل
ショゴル
work

勉強
دراسة
デラーサ
study

私の名前はアヤです。あなたは？
اسمي آية. وانت؟
エスミー アーヤ ウ エンタ↑
My name is Aya. What's yours?

日本から来ました
أنا من اليابان.
アナ メネルヤバーン
I'm from Japan.

学生です
أنا طالبة.
アナ ターリバ
I am a student.

21歳です
عمري واحد وعشرين.
オムリー ワーヘド ウ エシュリーン
I'm 21 years old.

2回目です
دي تاني مرة.
ディ ターニ マッラ
It's my second time.

1週間滞在です
أقعد لمدة أسبوع.
アアオド レモッデト オスブーウ
I'm staying for a week.

アラビア語は難しいですね
العربي صعب عليه.
エルアラビー サアブ アライヤ
Arabic is very difficult.

◯◯のためにエジプトに来ました
جيت لمصر عشان ◯◯.
ゲート レマスル アシャーン ◯◯↓
I came to Egypt for ◯◯.

あなたは結婚していますか？
إنت متجوز؟
エンタ メタガウウェズ↑
Are you married?

私の名前はアハマドです。カイロに住んでいます

اسمي أحمد. ساكن في القاهره.

エスミー　アハマド　サーキン　フィルカーヒラ
My name is Amahad. I live in Cairo.

どこから来たのですか？

إنت منين؟

エンティ　メネーン↑
Where are you from?

あなたの職業は何ですか？

بتشتغلي إيه؟

ベテシュタガリ　エー↑
What do you do for work?

何歳ですか？

عمرك كام؟

オムレック　カーム↑
How old are you?

エジプトは初めてですか？

دي أول مرة لمصر؟

ディ　アウワル　マッラ　レ　マスル↑
Is this your first trip to Egypt?

何日間滞在しますか

كم يوم حتقعدي في مصر؟

カム　ヨーム　ハトオディ　フィ　マスル↓
How many days are you staying here?

アラビア語が上手ですね

لغتك حلوه.

ルガテック　ヘルワ
Your Arabic is very good.

旅の目的は何ですか？

جيتي لمصر ليه؟

ゲーティ　レマスル　レー↓
Why are you visiting Egypt?

はい。こどもが○人います

أيوه. عندي ○ أولاد.

アイワ　アンディ　○　ウェラード↓
I'm married. I have ○children.

既婚

متجوزة / متجوز

メタガウウェズ/(女) メタガウウェザ
married

独身

مش متجوزة / مش متجوز

メシュ　メタガウウェズ/(女) メシュ　メタガウウェザ
single

🐪 ひとくちコラム

独身女性はご用心
日本人女性はモテるので注意。左手薬指に指輪をはめ、既婚女性を装えば多少は興味が減るかも。極端な話、結婚詐欺事件まである。慎重に行動しよう。

ボディ・ランゲージで会話しよう

يالاه نستعمل الإيماءات
ヤッラ ネスタアマレル イマアート
Body Language

身振りで伝えてみよう

エジプトを訪れると、エジプト人が身振り手振りを交え、表情豊かに会話しているのを目にする。よく使われているボディ・ランゲージを知って、実際のコミュニケーションで使ってみよう。

いいえ/違います
لأ / مش كده
メシュ ケダ/ラ
No.
首を左右に振る。右手の人差し指を立てて左右に振ったり、「チッ」と舌打ちすることもある。

おわり
خلاص
ハラース
Finished.
両手の指を開き、手の平を下に向け、胸の前で手の平を水平に動かす。手の平で机を拭くような動き。

おいしい
حلو
ヘルウ
Delicious!
右手の平を上にして指先をあわせ、その指先を口に持っていって「チュッ」とキスする。

何？
إيه؟
エー↑
What?
両手首をひねりながら手の平を上に向ける。「何？」という表情をしながらジェスチャーを。

タクシーの止め方
أركب تاكسي
アルケブ タクスィ
How to hail a taxi.
拾いたいタクシーに対して、右腕を指先まで伸ばして、前方に45度ほど持ち上げる。

お勘定
الحساب لو سمحت.
エルヘサーブ ラウ サマハト
Cheque, please!
左手の平に右手でペンを持って文字を書く仕草。左手の平に右手を垂直にあてる仕草もお勘定の意になる。

ちょっと待って
استنى
イスタンナ
Please wait.
右手の指をすべてすぼめ、顔の前で3回軽く上下に振る。相手を引き止めたいときに使おう。

バクシーシ ★
بقشيش
バッシーシュ
Tip, please.
右手の親指と人差し指を擦り合わせながらエジプト人が近づいてきたら「バクシーシ」の意。

ちょっとだけ
شوية
シュワイヤ
a little
右手の親指と人差し指をつけ、人差し指を1cmほど上に出す。砂糖の量を聞かれたときなどに。

★チップがサービスへの謝礼なのに対し、バクシーシは富者から貧者への施しというイスラーム的行為

指で数えてみよう

エジプトで指を使って数を数える場合、親指から小指へ順番に立てていくのが普通。人によっては小指から数える人もいる。

1　2　3　4　5

〔郷に入っては、エジプトのマナー〕

「郷に入っては、郷に従え」という日本のことわざにもあるように、旅行者とはいえ、訪れた国のルールに従うのは当然のこと。最低限の習慣を知って、楽しく旅行を続けよう。ここではエジプトの代表的な習慣をいくつか紹介しよう。

握手とキス
親しい間柄なら、握手をしながら相手の頬と自分の頬を交互に合わせてキスをする。

バクシーシとチップ
価格の1割前後が目安。レストランなどで、サービスチャージが含まれている場合もチップは別。

豚肉を食べない
イスラームでは豚肉禁止。カイロの豚は生ゴミを餌とするため汚いイメージ。コプトでは豚OK。

モスクでの服装
タンクトップや半ズボンなど、露出の多い服は不可。特に女性はモスク以外でも肌の露出は控えよう。

写真撮影
撮影されるのを嫌がる人も多い。撮影禁止の施設もあるので、撮影する前に係員に確認しよう。

食事中のマナー
左手は不浄の手とされており、食事中は使用しない。イスラーム文化では飲酒も喫煙も歓迎されない。

邪視を除くまじない
手の平を相手に向けて指を開く。これは魔除けの一種、つまり相手を災い扱いすることになり失礼。

席をゆずる
お年寄り以外に、若い女性も席を譲ってもらえる。痴漢防止にもなるので、ありがたく座ろう。

くしゃみをする ★
くしゃみをした人に「ヤルハモコモッラー」(アッラーが貴方達を憐れんでくださいますよう)と伝える。

★くしゃみをした人が الحمد لله エルハムド　レッラー (アッラーに讃えあれ) と言ったら、
يرحمكم الله 「ヤルハモコモッラー」と言ってあげよう

歩こう

信号の少ないカイロでは、道を横断するのもひと苦労。
エジプト人の道の渡り方を習って、街歩きを楽しもう。

道の渡り方

カイロは大都会なのに信号などはほとんどないし、

あっても誰も守りません 地元の人は車の隙間を縫ってすいすい渡ります

「車の方がよければいい」と言わんばかりの堂々とした態度は、まるで「走って渡るなんて無粋」とでも思っているかのよう

……

どうやって大きい道を渡る？

…えーと「地元の人に習うべし」

★カイロの乗り物についてはP20を参照しよう

| エジプトでは車は右側通行なので、左から来る車に対し目星をつけた人の陰になるように右側に位置し、 | 一緒に渡る |

| 中央分離帯まで来ると車の流れが逆になるので、今度は左側へ | 一緒に渡る |

「一人で渡るときは車の運転手の目を見て渡り、こちらの渡りたいオーラを感じとってもらう」
………

エスパーかっ？

エジプトを巡ろう

يالله نسافر مصر
ヤッラ ネサーフェル マスル
Travelling Around Egypt

あなたが好きな街を教えてください

بتحب مدينة إيه؟
ベトヘップ マディーネト エー↓
What is your favorite city?

地中海 Mediterranean Sea
ロゼッタ Rosetta
デルタ地帯 Delta
ポート・サイード Port Said
エル・アリーシュ El-Arish
ラファフ Rafaf
イスラエル ISRAEL
ヨルダン JORDAN

アレキサンドリア Alexandria
アブ・ミーナ ⑤
ワディ・ナトゥルーン Wadi Natrun
ギザ Giza
イスマエレーヤ Ismailia
カイロ Cairo
④ カイロ歴史地区
シナイ半島 Sinai Peninsula

① メンフィスとその墓地遺跡 ギザからダハシュールまでのピラミッド地帯
⑦ クジラの谷
ワディヒータン
サッカラー Saqqara
メンフィス Memphis
ダハシュール Dahshur
メイドゥム Meidum

ターバ Taba
ヌエバ Nuweiba
シナイ山 Mt. Sinai 2285
ダハブ Dahab
サウジアラビア SAUDI ARABIA

バハレイヤ・オアシス Bahariyya Oasis

東部砂漠 Eastern Desert
聖カトリーナ修道院地域
⑥ シャルム・エル・シェイク Sharm el Sheikh
ハルガダ Hurghada

ファラフラ・オアシス Farafra Oasis
テル・エル・アマルナ Tell el Amarna

エジプト EGYPT

ダフラ・オアシス Dakhla Oasis
西方砂漠 Western Desert
ハルガ・オアシス Kharga Oasis

② 古代都市テーベとその墓地遺跡
アビドス Abydos
デンデラ Dendera
ルクソール Luxor
エスナ Esna
エドフ Edfu
コム・オンボ Kom Ombo

紅海 Red Sea

③ アブ・シンベルからフィラエまでのヌビア遺跡群
アスワン Aswan
北回帰線

ナセル湖 Lake Naser
アブ・シンベル Abu Simbel
ヌビア地方 Nubia
スーダン SUDAN

N 0 100km

★四角い国土が印象的なエジプトだが、人が住むのはナイル河畔の細長い地域に集中している

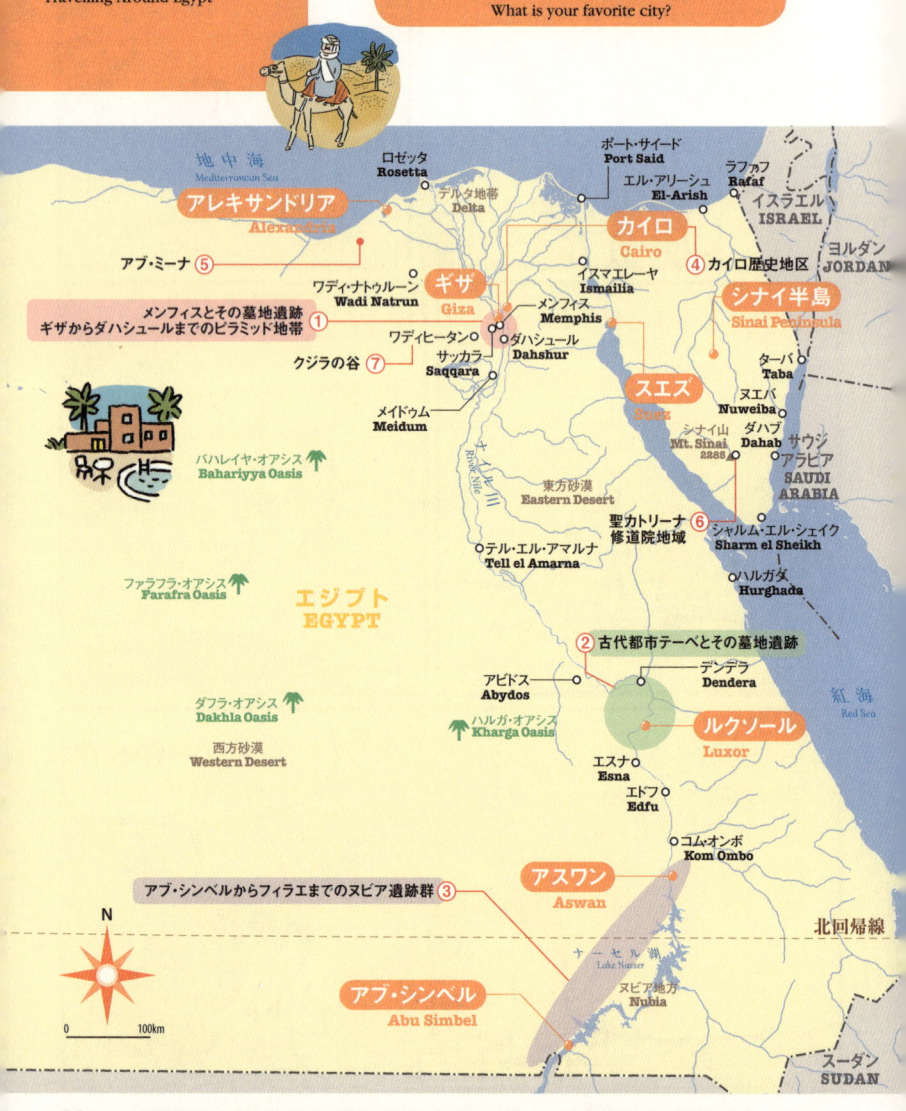

カイロ
القاهرة
エルカーヘラ
Cairo
アフリカ大陸およびアラブ世界で最大の人口を誇る、エジプトの首都。

ルクソール
الأقصر
エルオッソル
Luxor
かつてはテーベと呼ばれた古代エジプトの都。巨大建築が立ち並ぶ。

アブ・シンベル
أبو سمبل
アブ センベル
Abu Simbel
ナセル湖のほとり、スーダン国境そばにある、エジプト最南端の見どころ。

ギザ
الجيزة
エッギーザ
Giza
三大ピラミッドを擁する、ナイル川を挟んだカイロの対岸地区。

スエズ
السويس
エッスウェース
Suez
1869年のスエズ運河開通以来、地中海と紅海を結ぶ交通の要衝となる。

シナイ半島
سينا
スィーナ
Sinai Peninsula
アジア大陸に属する半島。エジプト最高峰のシナイ山では雪が降ることも。

アレキサンドリア
الإسكندرية
エルエスカンダレイヤ
Alexandria
地中海に面したエジプト第2の都市。古い歴史をもつ国際都市。

アスワン
أسوان
アスワーン
Aswan
ナイル上流、ヌビア地方の中心都市。アスワンハイダムからナセル湖に臨む。

●エジプトの世界遺産
①メンフィスとその墓地遺跡-ギザからダハシュールまでのピラミッド地帯（文）
ممفيس ومقبرتها - منطقة الأهرامات من الجيزة لدهشور
メムフィース ウ マッバレトハー マンテエル アハラマート メネッ ギーザ レダハシュール

②古代都市テーベとその墓地遺跡（文）
مدينة طيبة القديمة ومقبرتها
マディーネット ティーベル アディーマ ウ マッバレトハ

③アブ・シンベルからフィラエまでのヌビア遺跡群（文）
معالم النوبة من أبو سمبل لفيلة
マアーレメン ヌーバ メン アブ センベル レフィーラ

④カイロ歴史地区（文）
القاهرة الإسلامية
エルカーヘラル エスラーメイヤ

⑤アブ・ミーナ（文）
أبو مينا
アブ ミーナ

⑥聖カトリーナ修道院地域（文）
منطقة القديسة كاترين
マンテエテル アディーサ カタリーン

⑦クジラの谷（自）
وادي الحيتان
ワーディル ヒターン

★（文）は文化遺産、（自）は自然遺産を示す

カイロを歩こう

يلا لنتمشى في القاهرة

ヤッラ ナタマッシャ フィル カーヘラ

Walking Around Cairo

○○に行きたいのですが

عاوز أروح ○○.

アーウェズ アルーフ ○○

I'm trying to go to ○○.

○○駅で降りてください

تنزل في محطة ○○.

テンゼル フィ マハッテト ○○

Get off at ○○ Metro station.

🐫 ひとくちコラム
カイロのエリア構成
南北に流れるナイル川によって大きく2つに分かれる。東岸はカイロ県、西岸は本来ギザ県に属するが、両方合わせて「大カイロ圏」と呼ぶ。

タクシー
تاكسي
タクスィ
taxi

バス
أوتوبيس
オトビース
bus

新市街
وسط البلد
ウェステル バラド
downtown Cairo

いわゆるダウンタウン。タハリール広場、ラムセス駅、合同庁舎がある。

イスラーム地区
القاهرة الإسلامية
エルカーヘラル エスラーメイヤ
Islam area

ハン・ハリーリーやシタデルなど、イスラム時代の建造物が数多く残る地区。

ナセルシティ
مدينة نصر
マディーネト ナスル
Nasr City

大型ショッピングモールが並ぶ新興地区。路面電車が走っている。

ナイル西岸 ★
محافظة الجيزة
モハーフェゼテッ ギーザ
west bank of the Nile River

カイロ大学や動物園のほか、瀟洒な商業地区や閑静な住宅街が集まる。

ゲジーラ島
جزيرة الزمالك
ゲズィーレッ ザマーレク
El Gezirah

カイロ屈指の高級住宅街でおしゃれな店が多い。カイロ・タワーもある。

ギザの三大ピラミッド
エル・マリク・ファイサル通り
Sharia el Malik Faysal
エルハラム通り(ピラミッド通り)
Sharia el Aharam (Pyramid Rd.)
ギザ(ピラミッド・エリア)
GIZA (PYRAMIDS AREA)

ローダ島
جزيرة الروضة
ゲズィーレッ ローダ
Gezira el Roda

北にマニアル宮殿、南にナイロメーターがあり、それ以外は庶民的な住宅街。

オールド・カイロ ★
مصر القديمة
マスレル アディーマ
Old Cairo

コプト教徒が多く住み、シナゴーグや教会、初期のモスクなどが残っている。

🐫 ひとくちコラム
カイロからギザへのアクセス
バス、地下鉄で「ギザ」と言えば、ナイル西岸川沿いの「ギザ広場」のことを指す。タクシーの運転手に「ギザへ」と頼んでも同じ所に連れて行かれるが、これはピラミッドのあるギザとは別物なので要注意。ピラミッドに行くにはさらにピラミッド通り(シャーレ エル ハラム)を車で30分ほど進まねばならない。タクシーに乗るならきちんと「ギザのピラミッド(アハラーメッ ギーザ)」と伝えよう。

★ナイル西岸は、庶民街インバーバ、商業地区エル・モハンデスィーン、住宅地エル・ドッキなどに分かれる

地図

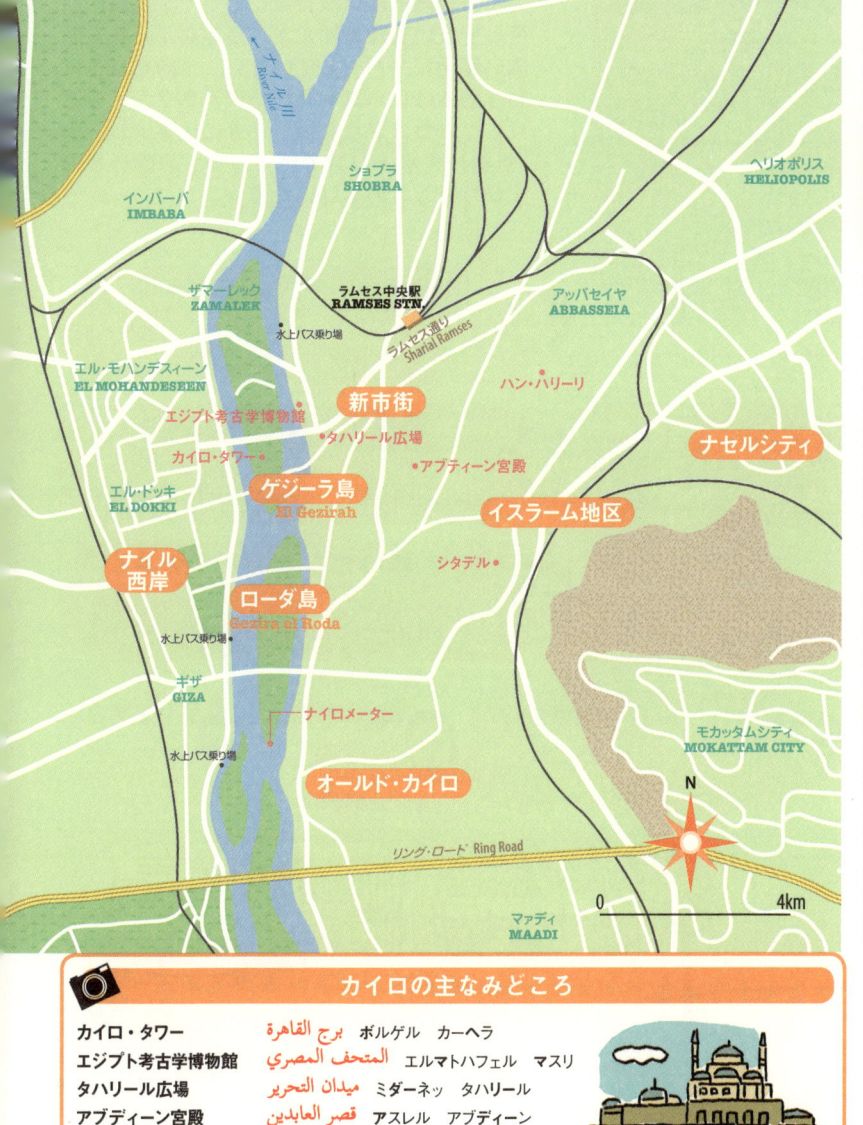

- インバーバ IMBABA
- ショブラ SHOBRA
- ヘリオポリス HELIOPOLIS
- ザマーレック ZAMALEK
- ラムセス中央駅 RAMSES STN.
- 水上バス乗り場
- ラムセス通り Sharia Ramses
- アッバセイヤ ABBASSEIA
- エル・モハンデスィーン EL MOHANDESEEN
- エジプト考古学博物館
- 新市街
- ハン・ハリーリ
- カイロ・タワー
- タハリール広場
- アブディーン宮殿
- ナセルシティ
- エル・ドッキ EL DOKKI
- ゲジーラ島 El Gezirah
- イスラーム地区
- ナイル西岸
- ローダ島 Gezira el Roda
- シタデル
- ギザ GIZA
- 水上バス乗り場
- ナイロメーター
- オールド・カイロ
- モカッタムシティ MOKATTAM CITY
- リング・ロード Ring Road
- マァディ MAADI

0　　　4km

N

カイロの主なみどころ

日本語	アラビア語	カタカナ
カイロ・タワー	برج القاهرة	ボルゲル　カーヘラ
エジプト考古学博物館	المتحف المصري	エルマトハフェル　マスリ
タハリール広場	ميدان التحرير	ミダーネッ　タハリール
アブディーン宮殿	قصر العابدين	アスレル　アブディーン
ハン・ハリーリ	خان الخليلي	ハーネル　ハリーリ
シタデル	قلعة الجبل	アラエテッ　ガバル
ナイロメーター	مقياس النيل	メッヤーセン　ニール

★オールド・カイロの南には高級住宅街のマアーディ地区がある

市内を移動しよう

يالا نتفسح في المدينة

ヤッラ ネトファッサハ フィル マディーナ
Travelling Within Cities

カイロの地下鉄は旅行者にとっても比較的利用しやすい交通機関だが、残念ながらあまり広い範囲はカバーしていない。市内を自在に動き回るにはバスやミニバス、タクシーを乗りこなさねばならない。ときにはファルーカ（帆船）や水上バスでナイルからの眺めをのんびり楽しむのもいいだろう。

切符はどこで買えますか？
ممكن أشتري تذكرة منين؟
モムケン　アシュテリ　タズカラ　メネーン↓
Where can I buy a ticket?

ひとくちコラム
整列乗車はしないけれど
カイロの地下鉄は非常に混雑するうえ、整列乗車なんて誰もしない。しかし、ルールはなくても互いに声を掛け合って円滑に事を進めるのがエジプト流。たとえば、降車するとき、前の人を無言で押したりかき分けたりしてはいけない。その人も降りるかどうかを前もって尋ねるのが礼儀だ。降りる人ならその後ろで待っていればいいし、降りない人なら場所を譲ってくれるだろう。何ごとも声かけが基本と心得よう。

切符を○枚ください
عاوز ○ تذاكر.
アウザ　○　タザーケル↓
○ ticket, please.

○○に着いたら教えてください
لما نوصل ○○، قل لي لو سمحت.
ランマ　ネウセル　○○　オル　リー　ラウ　サマハト↓
Can you tell me when we are stopping at ○○?

（立っている人に）降りますか？
إنت نازل؟
エンタ　ナーゼル
Are you getting off at the next stop?

降ります
نازل.
ナーゼル
get off

降りません
مش حانزل.
メシュ　ハンゼル
not get off

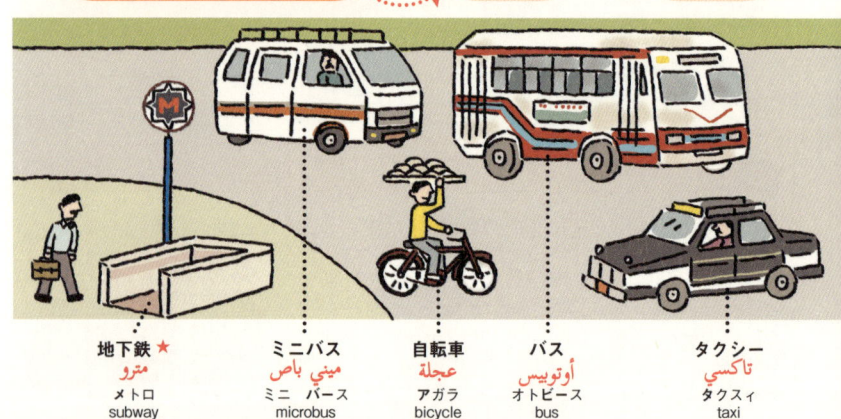

地下鉄 ★
مترو
メトロ
subway

ミニバス
ميني باص
ミニ　バース
microbus

自転車
عجلة
アガラ
bicycle

バス
أوتوبيس
オトビース
bus

タクシー
تاكسي
タクスィ
taxi

★地下鉄には女性専用車両があるので、男性は間違って乗りこまないように！

ひとくちコラム
エジプトのタクシー事情

タクシーを拾うジェスチャーは、手を挙げるのではなく、人差し指を立て手を水平に前に出す。乗り込む前に窓越しに行き先を告げ、値段の交渉をしておくのが無難だろう。旧式タクシーでは、メーターはあっても機能していないので、料金は交渉次第だ。黄色い新型タクシーならば、多少割高だがきっちりとメーター通りに料金を要求してくるので安心。もちろんホテルでタクシー予約してもらうのも可能。

どちらまで？
لحد فين؟
レハッド フェーン↓
Where to?

○○までいくらで行けますか？
الأجرة لـ ○○ بكام؟
エルオグラ レ ○○ ビカーム↓
How much is the fare to go to ○○?

乗る
أركب.
アルカブ
ride

(メモを見せながら) ここまで行ってください
لحد المكان ده، لو سمحت.
レハッデル マカーン ダ ラウ サマハト
To here, please.

乗らない
ماركبش.
マルカブシュ
not ride

ここで待っていてください
استنى هنا.
エスタンナ ヘナ
Please wait here.

高い
غالي.
ガーリ
expensive

ここで止めてください
أوقف هنا، لو سمحت.
エウエフ ヘナ ラウ サマハト
Please stop here.

安くして
خفض السعر لو سمحت.
ハッファデッ セウル ラウ サマハト
Can you lower the price a bit?

料金が最初の約束と違います
مش دي الأجرة اللي اتفقنا عليها.
メシュ ディル オグラ エッリッ タファナー アレーハ
The fare is different from what you promised.

エアコンバス ★
أوتوبيس مكيف
オトビース モカイヤフ
air-conditioned bus

路面電車
ترماي
トロマーイ
municipal streetcar

水上バス
مركب
マルケブ
water-bus

ファルーカ（帆船）
فلوكة
フェルーカ
falucca

★市内を走るエアコンバスは、料金は割高だが長距離運行しており、旅人にも利用しやすい

別の町へ移動しよう

يالاه نروح مدينة تانية
ヤッラ ネルーフ マディーナ タニヤ
Travelling Between Cities

カイロからルクソール、アスワンへ行くには飛行機か鉄道が一般的。飛行機なら時間を節約できるが、寝台列車の旅も捨てがたい。地中海沿岸やシナイへ行くならバス移動もよい。

鉄道
سكة حديد
セッカト ハディード
railway

予約
حجز
ハグズ
reservation

変更
تغيير
タグイール
change

キャンセル
إلغاء
エルガーッ
cancellation

出発
مغادرة
ムガーダラ
departure

到着
وصول
ウォスール
arrive

○月△日の□行きの席を予約したいのですが
عاوز أعمل حجز الرحلة إلى □ يوم △ ، ○.
アーウェズ アアメル ハグゼッ レフラ エラ □ ヨーム △ ○
I'd like to reserve a seat for □ on ○, △.

何時の便に空席がありますか？
فيه أماكن في الساعة كام؟
フィー アマーケン フィッサーア カーム↓
Which trains have vacant seats?

10時の席をお願いします
تذكرة الساعة ١٠، لو سمحت.
タズカラテッ サーア アシャラ ラウ サマハト↓
A ticket for the 10 o'clock train, please.

片道ですか？　往復ですか？
رايح بس ، ولا رايح جاي؟
ラーイェフ バッス↑ ワッラ ラーイェフ ガーイ↓
One way? Round trip?

片道で。割引はありますか？
رايح بس. فيه خصم؟
ラーイェフ バッス フィー ハスム↑
One way. Is there a discount?

女性2名分お願いします
اتنين ستات، لو سمحت.
イトネーン セッタート ラウ サマハト
Two women, please.

🐪 **ひとくちコラム**

列車の車両と座席について
チケットの種類は1等、2等、3等、寝台の4種類。寝台列車を利用する場合は、専用のチケット売り場がある。エアコンの効いた1等とそうでない2等では、値段の差はそれほどない。3等は外国人は利用できない。個室で眠れる寝台は長距離移動にオススメ。エアコン付きの車両を利用する場合は予約が必要。予約がないと利用できない区間もあるので、事前に確認しよう。

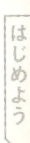

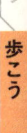

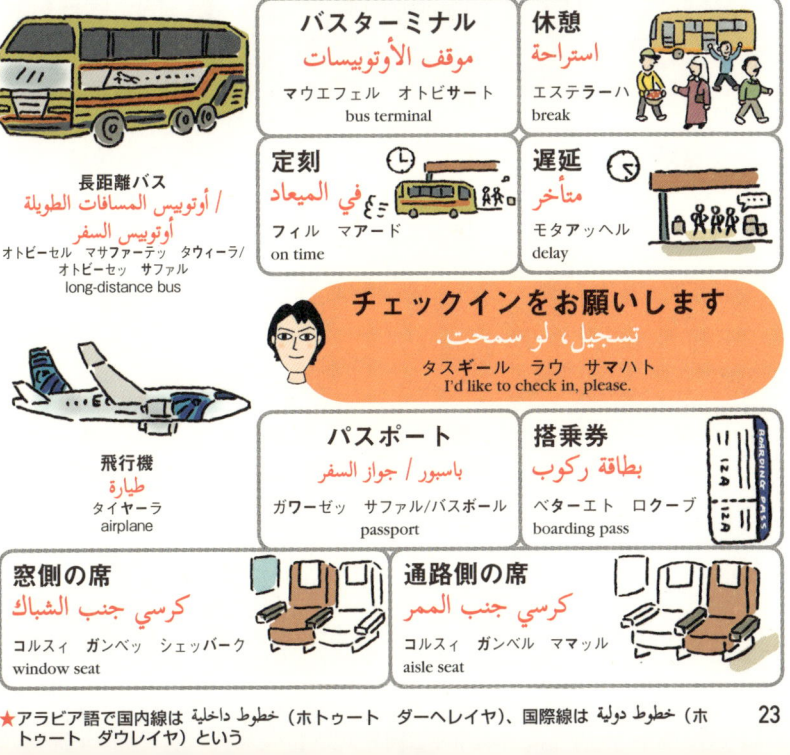

●電車のチケット

座席のクラス
درجة
ダラガ
seat class

運賃
سعر
セウル
fare

時間
ساعة
サーア
hour

分
دقيقة
ディーガ
minuite

日にち
تاريخ
タリーフ
date

予約番号
رقم المستند
ラカメル モスタナド
reservation number

切符番号
مسلسل التذكرة
モサルサレル タズカラ
ticket number

出発駅
من
メン
departure

到着駅
إلى
エラ
arrival

車両名
عربة
アラバ
vehicle name

列車（番号）
قطار
アトル
train number

座席（番号）
مقعد
マッアド
seat number

長距離バス
أوتوبيس المسافات الطويلة / أوتوبيس السفر
オトビーセル マサファーテッ タウィーラ/
オトビーセッ サファル
long-distance bus

バスターミナル
موقف الأوتوبيسات
マウエフェル オトビサート
bus terminal

休憩
استراحة
エステラーハ
break

定刻
في الميعاد
フィル マアード
on time

遅延
متأخر
モタアッヘル
delay

チェックインをお願いします
تسجيل، لو سمحت.
タスギール ラウ サマハト
I'd like to check in, please.

飛行機
طيارة
タイヤーラ
airplane

パスポート
باسبور / جواز السفر
ガワーゼッ サファル/バスボール
passport

搭乗券
بطاقة ركوب
ベターエト ロクーブ
boarding pass

窓側の席
كرسي جنب الشباك
コルスィ ガンベッ シェッバーク
window seat

通路側の席
كرسي جنب الممر
コルスィ ガンベル ママッル
aisle seat

★アラビア語で国内線は خطوط داخلية （ホトゥート ダーヘレイヤ）、国際線は خطوط دولية （ホトゥート ダウレイヤ）という

道を尋ねよう

يلاه نسأل عن مكان
ヤッラ ネスアル アン マカーン
Asking for Directions

○○に行きたいのですが
عاوزة أروح ○○.
アウザ アルーフ ○○
I'd like to go to ○○.

地図で場所を示してください
وريني على الخريطة دي.
ワッリーニ アラル ハリータ ディ
Can you show me where it is?

遠いですか？
ده بعيد؟
ダ バイード↑
Is it far?

遠いです
بعيد.
バイード
It's far.

近いです
قريب.
オライイェブ
It's close.

通り / شارع / シャーレウ / street

大通り / طريق / タリーッ / way

小路 / زقاق / ゾアーッ / alley

街区 / حارة / ハーラ / quarter

路地 / درب / ダルブ / lane

広場 / ميدان / ミダーン / roundabout

交差点 / تقاطع / タアートゥ / crossing

信号 / إشارة مرور / エシャーレト ムルール / signal

駅 / محطة / マハッタ / station

バス停 / محطة أوتوبيس / マハッテト オトビース / bus stop

公園 / جناين / حدايق / ハダーイェッ/ガナーイェン / parks

橋 / كوبري / コブリ / bridge

★エジプト人に道を尋ねれば大体親切に教えてくれるが、間違ったことを教える人も多い

方角・場所

北 شمال シャマール north
西 غرب ガルブ west
東 شرق シャルッ east
南 جنوب ゴヌーブ south

上 فوق フォッ up
右 يمين イェミーン right
後ろ ورا ワラ behind
前 قدام オッダーム front
下 تحت タハト down
左 شمال シェマール left

郵便局 مكتب البريد マクタベル バリード post office	銀行 بنك バンク bank	病院 مستشفى モスタシュファ hospital	警察署 شرطة / بوليس ボリース/ショルタ police station
学校 مدرسة マドラサ school	観光案内所 مكتب السياحة マクタベッ スィヤーハ tourist information	神殿 معبد マアバド temple	宮殿 قصر アスル palace
教会 كنيسة ケニーサ church	モスク مسجد / جامع ガーメウ/マスゲド mosque	動物園 جنينة الحيوان ゲネーネテル ハヤワーン zoo	博物館 متحف マトハフ museum

★北のことを「海の方角（バハリ）」、南を「礼拝の方角（エブリ）」と呼ぶこともある

観光しよう

يلا نتفرج
ヤッラ ネトファッラグ
Sightseeing

入場料はいくらですか？
رسم الدخول بكام؟
ラスメッ ドフール ビカム↓
How much is admission?

○エジプトポンドです
○ جنيه.
○ ギネ
It's ○ Egyptian pounds.

○○チケットを1枚ください
اديني تذكرة ○○.
エッディーニ タズカレト ○○
One ○○ ticket, please.

ひとくちコラム
モスクの礼拝注意点
モスク訪問時は、1日5回ある礼拝時間（→P77）は避けよう。短パン、ミニスカート、ノースリーブなど、肌を露出した服での入場も不可。

こども ★	学生	大人	団体
طفل	طالبة	بالغ	مجموعة
テフル	ターレバ	バーレグ	マグムーア
children	student	adult	group

触れないで
ممنوع اللمس
マムヌーエッ ラムス
Don't touch.

撮影禁止
ممنوع التصوير
マムヌーエッ タスウィール
No Photography

トイレ
توالیت
トワレット
toilet

禁煙
ممنوع التدخين
マムヌーエッ タドヒーン
No Smoking

ギフトショップ
محل هدايا
マハッル ハダーヤ
gift shop

手荷物一時預かり
مكتب الأمانات
マクタベル アマナート
baggage check

出口
مخرج
マハラグ
way out

セキュリティ・チェック
تفتيش أمني
タフティーシュ アムニ
security check

入口
مدخل
マドハル
entrance

チケット売り場
شباك التذاكر
シェッバーケッ タザーケル
ticket bureau

★エジプトでこども料金は12歳未満が該当することが多い

今日は開いていますか？
ده فاتح النهارده؟
ダ ファーテヘン ナハルダ↑
Is it open today?

ひとくちコラム
開館・閉館はその日の気分？
ラマダーン期間中の1カ月は、博物館などの開館時間が前に1時間ほどずれ込むことがある。閉館時間は係員次第でさらに早まることもあり要注意だ。

閉館（開館）時間は何時ですか？
هيخلص (هيبدأ) الساعة كام؟
ハイェフラセッ（ハイェブダエッ） サーア カーム↓
When is closing (opening) time?

○○の展示はどこですか？
معرض ○○ فين؟
マアラド ○○ フェーン↓
Where is the ○○ exhibit?

パンフレット
دليل
ダリール
brochure

ツタンカーメン
توت عنخ آمون
トゥート アンフ アームーン
Tutankhamun

ミイラ
مومیا
ムミヤ
mummy

死者の書
كتاب الموتى
ケターベル マウタ
Book of the Dead

○○を訪れるツアーはありますか？
عندكم جولة سياحية شاملة ○○؟
アンドコ ガウラ セヤーヘイヤ シャムラ ○○↑
Is there a tour to visit ○○?

ピラミッド
أهرام
アハラーム
pyramid

砂漠
صحرا
サハラ
desert

ナイルクルーズ
مركب سياحي في النيل
マルカブ スィヤーヒ フィン ニール
Nile cruise

ガイド付ツアー
جولة بمرشد سياحي
ガウラ ベモルシェド セヤーヒ
guided tour

1日ツアー
جولة سياحية ليوم واحد
ガウラ セヤーヘイヤ レヨーム ワーヘド
one day tour

半日ツアー
جولة سياحية لنص يوم
ガウラ セヤーヘイヤ レノッス ヨーム
half day tour

タクシーを1日貸切るといくらですか？
ممكن نأخذ تاكسي يلف بينا ليوم واحد بكام؟
モムケン ナーホド タクスィ イェレフ ビーナー レヨーム ワーヘド ベカーム↓
How much is it to use a taxi for a day,?

チャーターします
نأجر.
ネアッガル
I'd like to charter a car.

チャーターしません
مش حنأجر.
メシュ ハンアッガル
I won't charter a car.

ホテルに泊まろう

يالاه نبيت في الفندق
ヤッラ ネバイイェト フィル フォンドッ
Staying at Hotels

予約をした○○です
حجزت باسم ○○ .
ハガズト ベスミ ○○
I have a reservation under ○○.

チェックインをお願いします
عايز أسجل اسمي، لو سمحت.
アーウェズ オサッギル エスミー ラウ サマハト
I'd like to check in, please.

空室はありますか？
عندكم أوضة فاضية؟
アンドコ オーダ ファディヤ↑
Have you got any rooms available?

（残念ながら）満室です
كله محجوز.
コッロ マハグーズ
We're fully booked.

部屋を見せてもらえますか？
ممكن أشوف الأوضة؟
モムケン アシューフェル オーダ↑
Could you show me the room?

あります
عندنا.
アンデナ
Yes, we do.

1泊いくらですか？
بكام الليلة؟
ベカーメッ レーラ↓
How much is it per night?

○エジプトポンドです
○ جنيه .
○ ギネ
It's ○ Egyptian pounds.

どんなお部屋にしますか？
تأخد أي أوضة؟
ターホド アイイ オーダ↓
What kind of room would you like?

ありがとう。ほかを探します
شكرا، حادور على حاجة تانية.
ショクラン ハダウワル アラ ハーガ タニヤ
Thank you. I'll look for another.

バス付き بحمام ベ ハンマーム with a bath	**シャワー付き** بدش ベ ドッシュ with a shower	**朝食付き** بفطار ベ フェタール with breakfast
シングル لشخص واحد レ シャハス ワーヘド single	**ツイン** بسريرين ベ セリレーン twin	**ダブル** بسرير دوبل ビ セリール ドブル double
ホテル فندق フォンドッ hotel	**ドミトリー** ★ غرفة مشتركة ゴルファ モシュタラカ dormitory	**ペンション** ★ بنسيون ベンスィユーン guest house

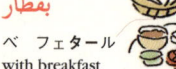

★ ドミトリーとは複数の客が共同で宿泊する部屋のこと。バス・トイレも共用。安宿に多い

日本語	アラビア語	読み	English
窓	شباك	シェッバーク	window
シーツ	ملاية	メラーヤ	sheets
ベッド	سرير	セリール	bed
枕	مخدة	マハッダ	pillow
電話	تلفون	テレフォーン	telephone
トイレ	تواليت	トワレット	toilet
鏡	مرايا	メラーヤ	mirror
テーブル	طربيزة	タラベーザ	table
エアコン	تكييف	タクイーフ	air-conditioning
毛布	بطانية	バッタネイヤ	blanket
テレビ	تلفزيون	テレフィズィユーン	television
冷蔵庫	تلاجة	タッラーガ	refrigerator
金庫	مخزن	マハザン	safe

水が出ません
ما فيش مية．
マフィーシュ マイヤ
There's no water.

○○をお願いします
○○、لو سمحت．
○○ ラウ サマハト
○○, please.

お湯
مية سخنة
マイヤ ソフナ
hot water

電灯
أباجورة
アバジョーラ
table lamp

○○がありません
ما فيش ○○．
マフィーシュ ○○
There is no ○○.

掃除
تنظيف
タンディーフ
cleaning

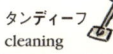

故障
متعطل
メトアッタル
out of order

○○が壊れています
○○ مكسور．
○○ マクスール
○○ is broken.

ひとくちコラム
エジプトでホテルを選ぶには？
各ホテルに付けられた5つ星から1つ星までのランクは、あまりアテにならない。5つ星のなかには外資系の超高級ホテルもあれば、現地資本の「そこそこ」な高級ホテルもある。一方、1つ星の方もレベルはさまざまで、さらに星の付いていない安宿も多く、バックパッカーにとっての選択肢は豊富にある。難しいのは中級ホテルの選び方。ほとんど安宿と変わらないようなボロボロの3つ星もあるので、注意しよう。

使える！ワードバンク　ホテル編

ドライヤー	سشوار	セシュワール
タオル	فوطة	フータ
アメニティ（グッズ）	طقم حمام	タッム ハンマーム
コンセント	فيشة	フィーシャ
インターネット接続	توصيلات الإنترنت	タウスィラーテル インテルネット
鍵	مفتاح	モフターハ
トイレットペーパー	ورقة تواليت	ワラエト トワレット

★ペンションとは個人経営の小規模な宿のこと。家庭的な雰囲気が売り

食べよう

日本人には馴染みの薄い食材も、口にすると意外な発見が。
食わず嫌いを封印し、ぜひエジプシャングルメを堪能しよう。

甘党

エジプト人はスイーツ大好き

人気のケーキ店の前はいつも長蛇の列

女の子がテイクアウトしたショートケーキを紙皿に乗せて歩きながら食べているのに対し

いい歳の男性がアイスクリームをなめなめ、腕を組んで歩いているのは、やはりインパクトがあります

差別じゃない？

絵柄としてキョーレツですね

★エジプト料理についてはP34〜41も参照しよう

ハト

エジプト料理で思い出すのはハトのグリル（ハマーム・マシュウィ）

ぽ？

ツアー客の行くレストランでしたが、ためらうほかのツアー客を尻目に

え〜〜〜ハトなんて…

私たちのグループは全員ハトを注文

せっかくだもんね

んまっ

おいしーっ

ハトは地鶏より濃厚な味

他のツアー客が注文しなかった分のハトも食べたかったくらい

次はラクダに挑戦しますか？

うっとり

おいしいらしいっす

はじめよう
歩こう
食べよう
買おう
極めよう
伝えよう
日本の紹介

予約と注文

حجز وطلب
ハグズ ウ タラブ
Reservations and Ordering

この近くにおいしい○○はありますか？

فيه ○○ كويس في المنطقة دي؟
フィー ○○ クワイェス フィル マンテア ディ↑
Are there any good ○○ around here?

レストラン
مطعم
マトアム
restaurant

カフェテリア (カフェ)
كافتيريا
カフェテールヤ
cafeteria

軽食堂
محل سندويتشات
マハッル サンダウィチャート
sandwich shop

屋台
عربية فول
アラベイェト フール
snack stand

パン店
فرن/مخبز
マハバズ／フォルン
bakery

菓子店
حلواني
ハラワーニ
patisserie

ジューススタンド
محل عصير
マハッル アスィール
juice stand

マクハー (喫茶店) ➡P42
قهوة
アハワ
café

ひとくちコラム

マクハーとは？
アラビア語で喫茶店を意味し、アハワとも呼ばれる。単なる喫茶店というよりは、地元の人の情報交換の場、気取らない社交場だ（→P42）。

今晩の予約をしたいのですが

عاوزة أحجز طربيزة لليلة دي، لو سمحت.
アウザ アハゲズ タラベーザ レッレーラー ディ ラウ サマハト
Can I make a reservation for tonight?

何時ですか？
من الساعة كام؟
メネッサーア カーム↓
From what time?

19時です
من الساعة سبعة
メネッサーア サブア
From seven pm.

何名様ですか？
كم واحد؟
カム ワーヘド↓
How many people?

5名です
إحنا خمسة
エヘナ ハムサ
Five.

お名前をお願いします
اسم حضرتك إيه؟
エスム ハドラテック エー↓
Your name, please.

○○です
اسمي ○○.
エスミー ○○
My name is ○○.

すみません。注文をお願いします
عاوزة أطلب، لو سمحت.
アウザ アトロブ ラウ サマハト
Excuse me. May I order?

英語のメニューはありますか？
عندكم منيو بالإنجليزي؟
アンドコ メニュー ベル エンゲリーズィ↑
Do you have an English menu?

どうぞ
اتفضلي.
エトファッダリ
Here you are.

窓際の席にしてください
عاوز طربيزة جنب الشباك.
アーウィズ タラベーザ ガンベッ シェッバーク
I'd like a table by the window, please.

ひとくちコラム
レストラン内の喫煙
最近ようやく分煙が導入されて空港内などが禁煙となったが、町なかでは規制などない等しい。隣席からの煙が不快な場合、「マバヘッベシュ サガーイェル（私はタバコが嫌い）」とはっきり伝えよう。

オススメはなんですか？
إيه الطبق اللي أنتم مشهورين بيه؟
エーッ タバッ エッリ エント マシュフリーン ビー↓
What do you recommend?

お水をお願いします
مية، لو سمحت.
マイヤ ラウ サマハト
Water, please.

めしあがれ
بالهناء والشفاء.
ベル ハナ ウェッ シェファ
Enjoy your meal. / Well done, thanks.

いただきます
بسم الله.
ベスミッ ラー
Let's eat.

会計
حساب
ヘサーブ
bill

領収書
فاتورة
ファトゥーラ
receipt

ごちそうさま
دايما.
ダイマン
Thank you for the meal.

チップ
بقشيش
バッシーシュ
tip

サービス料
أجرة الخدمة
オグラテル ヘドマ
service fee

ひとくちコラム
レストランのチップ事情
レストランではサービス料を上乗せした金額を請求されるが、それとは別にチップを払うのが常識。料金の1割ほどをそっと置いていくのがスマート。

使える！ワードバンク　レストラン編

日本語	アラビア語	読み方
スプーン	معلقة	マアラア
フォーク ★	شوكة	ショーカ
ナイフ	سكينة	セッキーナ
皿	طبق	タバッ
(コーヒー)カップ	فنجان	フェンガーン
グラス	كباية	コッバーヤ
ナプキン	فوطة سفرة	フーテト ソフラ
ウエイター	سفرجي	ソフラギー
シェフ	طباخ	タッバーハ
灰皿	طفاية	タッファーヤ
食卓	طربيزة	タラベーザ

★エジプトではフォークなどを使わず、素手あるいはパンを使って食べることも多い

朝食、軽食

فطار وأكل خفيف
フェタール ウ アクル ハフィーフ
Breakfast and Snacks

一緒にコシャリを食べようよ！
يالاه ناكل كشري سوا.
ヤッラ ナーコル コシャリ サワ
Let's have Kushari together?

いいですね。行きましょう
ماشي، يالاه بينا.
マーシ ヤッラ ビーナ
OK. I'll join you.

朝食
فطار フェタール
Breakfast

忙しいエジプト人の朝は、パンとフールを頬張って紅茶で流し込むというスタイルが定番。質素だが栄養価の高い健康メニューだ。

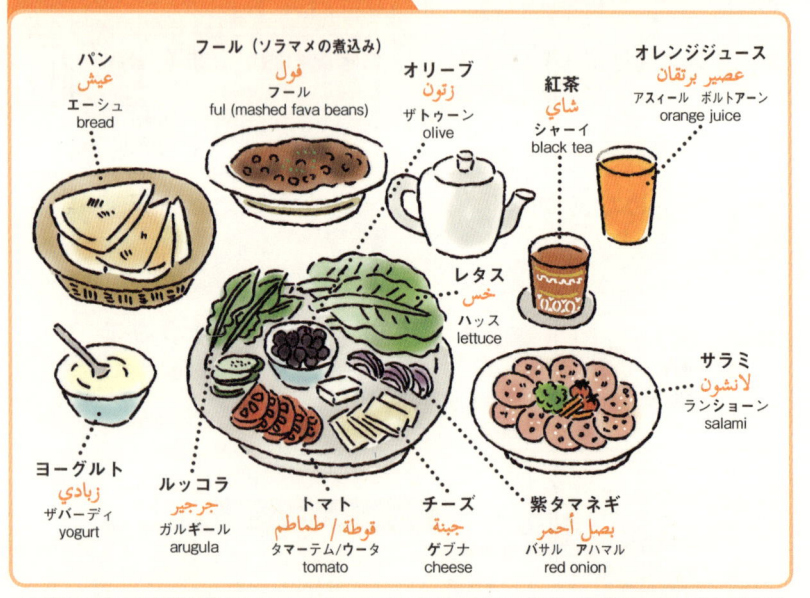

パン
عيش
エーシュ
bread

フール（ソラマメの煮込み）
فول
フール
ful (mashed fava beans)

オリーブ
زتون
ザトゥーン
olive

紅茶
شاي
シャーイ
black tea

オレンジジュース
عصير برتقان
アスィール ボルトアーン
orange juice

レタス
خس
ハッス
lettuce

サラミ
لانشون
ランショーン
salami

ヨーグルト
زبادي
ザバーディ
yogurt

ルッコラ
جرجير
ガルギール
arugula

トマト
قوطة / طماطم
タマーテム／ウータ
tomato

チーズ
جبنة
ゲブナ
cheese

紫タマネギ
بصل أحمر
バサル アハマル
red onion

---

column | パンの種類

エジプトでパンを意味する「エーシュ」とは、元々「生きる」という意味。まさに人々の命の糧であるエジプトのパンにも、いろんな種類がある。なかでも定番は「エーシュ・バラディ」。平べったく中身は空洞になっていて、表面は粉っぽい。「エーシュ・シャーミ」はシリア風パン。薄い紙状になっている。「セミート」はゴマのついた輪っか状のパン。屋台で売られている。「メアルメシュ」はカリカリの薄焼きパン。スナックのように食べられる。「カイザル」は丸いロールパン。主にサンドイッチに使う。「フィーノ」は細長いフランス風のコッペパンだ。

軽食

أكل خفيف　アクル　ハフィーフ
Light Meals

エジプト庶民の味と言えば、フールとターメイヤのサンドイッチやどんぶり風のコシャリ。朝昼のご飯時には店の前に行列ができる。

コシャリ（マカロニのトマトソースがけ）

كشري
コシャリ

kushari (pasta, rice, lentils and tomato sauce, topped with crispy fried onions)

マカロニ、パスタ、米の上にタマネギチップ、豆類を乗せ、トマトソースであえて食べる、どんぶり飯的軽食。

フェティール（エジプト風パンケーキ）

فطير
フェティール

fatir (Egyptian pancake)

小麦粉をこねて薄くのばして焼いたパンケーキ風の料理。食事としてもデザートとしても食べられる。

フール（ソラマメの煮込み）

فول
フール

ful (mashed fava beans)

ソラマメを柔らかく煮込んだ、エジプトでもっとも安価な料理。チリビーンズの辛くないものと思えばいい。

ターメイヤ（ソラマメのコロッケ）

طعمية
タアメイヤ

falafel (deep-fried patties of fava bean paste)

ソラマメを練って小さな円盤状に丸めて揚げたもの。中は鮮かな黄緑色。サンドイッチの具にすることが多い。

シャワルマ（そぎ落とし肉）

شاورمة
シャワルマ

shawarma (bread with sliced meat)

羊肉、あるいは鶏肉の薄切りを重ねて作った大きなかたまりをあぶり焼きし、削ぎ落としてパンに挟んだもの。

コベバ（ミートボール）

كبيبة
コベイバ

kobeba (meatball)

羊肉のミンチで作ったミートボールをこんがりと揚げたもの。前菜として食べられることも多い。

前菜、スープ、サラダ

مزة وشوربة وسلطة
マッザ ウ ショルバ ウ サラタ
Appetizers, Soup, Salad

お店の自慢料理は何ですか？
إيه الطبق اللي أنتم مشهورين بيه؟
エーッ　タバッ　エッリ　エント　マシュフリーン　ビー↓
What are the house specialities?

取り皿を◯枚くださいますか？
ممكن ◯ أطباق فاضية؟
モムケン　◯　アトバーッ　ファディヤ↑
Could you bring us ◯ plates?

前菜
مزة
マッザ
Appetizers

パンに付けて食べるペースト類を中心に、前菜の種類は多い。何種類か頼んで食べ比べをすれば、前菜だけで満腹になりそうだ。

タヒーナ（ゴマのペースト）
طحينة
タヒーナ
tahini (sesame dip)

ゴマをひいてペースト状にしたもの。皿に盛りオリーブオイルをかけて食べるほか、サンドイッチに挟むことも。

ホンモス（ヒヨコ豆のペースト）
حمص
ホンモス
hummus (chickpeas dip)

黄色いヒヨコ豆のペーストで、ざらりとしながらもマイルドな食感が特徴。豆だけあって意外とお腹にたまる。

ババガヌー（ナスのペースト）
بابا غنوج
ババ　ガンヌーグ
babaghanoush (grilled aubergines dip)

ナスを素揚げして皮をむき、柔らかくなった中身を潰したペースト。ニンニクの風味もきいている。

ラブナ（クリームチーズのペースト）
لبنة
ラブナ
labna (cream cheese dip)

あっさりとしたクリームチーズにおろしニンニクを混ぜたもの。柔らかな舌ざわりで清涼感がある。

ブドウの葉包み
ورق عنب
ワラッ　エナブ
wara'anib (stuffed vine leaves)

味の付いた米をブドウの葉で包んで蒸し煮にしたもの。知らないうちについつい食べ過ぎてしまう。

★代表的な前菜に赤カブ（バンガル）や野菜のピクルス（トルシー）などもある

スープ、サラダ

شوربة وسلطة
ショルバ ウ サラタ
Soups and Salads

鶏肉でだしを取ったスープに豆やパスタを浮かべたスープが定番。サラダはトマト、キュウリを豊富に使ったシンプルなものが多い。

モロヘイヤ
ملوخية
モロヘイヤ
molokhiyya soup

大きな専用包丁で刻んだモロヘイヤを、ウサギ肉などのだし汁で混ぜたスープ。とろりとした食感がくせになる。

レンズ豆のスープ
شوربة عدس
ショルベト アドス
lentil soup

黄色レンズ豆をとろとろになるまで煮込んだクリーム状のスープ。ライムを搾って召し上がれ。

パスタ入りスープ
شوربة لسان عصفور
ショルベト レサーン アスフール
soup with pasta

「スズメの舌」という名前の米粒状のパスタを浮かべたあっさりスープ。トマト風味で出されることが多い。

羊のスネ肉のスープ
شوربة كوارع
ショルベト カワーレウ
lamb shank soup

羊のスネの腱を柔らかくなるまで煮込んだスープ。とろりとして肉臭い、精力増進に最適なメニュー。

野菜サラダ
سلطة بلدي
サラタ バラディ
vegetable salad

「地元のサラダ」という名前の庶民的なサラダ。角切り状のトマト、キュウリ、タマネギを盛りつけたもの。

パセリのサラダ
تبولة
タッブーラ
parsley salad

トマトなどの野菜に刻んだパセリと挽き割り小麦ブルグルを混ぜたサラダ。さわやかな風味が肉料理に合う。

★モロヘイヤは、ライスと一緒に食べれば立派なメインディッシュになる

魚、肉料理

أطباق أسماك ولحوم
アトバーッ アスマーク ウ ロフーム
Fish and Meat Dishes

メインは何になさいますか？
عاوزة الطبق الرئيسي إيه؟
アウザッ タバエッ ライースィ エー↓
What main dish would you like?

料理がまだ来ません
الأكل لسه ماجاش.
エルアクル レッサ マガーシュ
My order hasn't come yet.

魚料理
طبق أسماك　タバッ　アスマーク
Fish Dishes

ナイルが南北に貫き地中海に面したエジプトは、魚料理も意外と豊富。調理法は限られるが、新鮮な素材ならばおいしく食べられる。

タジン料理
（魚の煮込み）
طاجن سمك
ターゲン サマク
tajin samak (oven baked fish and vegetables)
タジン（ターゲン）とは陶器でできた鍋のこと。魚を野菜などの具と一緒にトマトソースで煮込んだ料理。

イカのフライ
كلماري مقلي، سبيط مقلي
ソッペイト マッリ／カレマーリ マッリ
fried calamari

イカのぶつ切りをフライにしたもの。ニンニクのきいたマヨネーズソースかライムをかけて食べる。

エビのグリル
جمبري مشوي
ガンバリ マシュウィ
gambari mashwi (grilled shrimp)

エビを殻ごと焼いたシンプルかつ贅沢なメニュー。バリバリ食べれば暑さの中でもガンバリが効く？

舌平目のフライ
موسى مقلي
ムーサ マッリ
fried sole

アラビア語でヒラメは聖書のモーセ（ムーサー）と同じ名前。カラリと揚がったエンガワがおいしい。

クロダイの詰め物
دنيس محشي
デニース マハシ
stuffed black sea bream

クロダイの内臓を取り除き、中に野菜やスパイスを詰めたもの。めずらしく手の込んだ料理。

使える！ワードバンク　魚介類編

エビ	جمبري	ガンバリ
ヒメジ	بربوني	バルブーニ
カニ	كابوريا	カボウリヤ
ボラ	بوري	ブーリ
ナイルパーチ (ティラピア)	بلطي	ボルティ
イカ	كلماري / سبيط	ソッペイト／カレマーリ
アサリ	جندفلي	ガンドフリ

★アレキサンドリアやダミエッタなどの地中海沿岸の町は魚介料理で有名だ

肉料理
طبق لحوم タバッ　ロフーム
Meat Dishes

エジプトでメインディッシュと言えば肉料理のこと。羊や鶏が主流だが、ウサギやハトなどを使った珍しい料理もある。

カバブ（肉の串焼き）
كباب
カバーブ
kebab

エジプト肉料理の代表格。羊などのかたまり肉を串に刺して炭火で焼いたもの。庶民にとっては最高の贅沢？

シシタウーク（鶏肉の串焼き）
شيش طاووق
シーシュ　タウーッ
shish taouk

鶏のかたまり肉を串に刺して炭火で焼いた料理。脂の乗ったエジプト鶏のジューシー感を味わいたい。

コフタ（挽肉の串焼き）
كوفتة
コフタ
kofta (patties of minced lamb)

羊肉などのつくねを炭火で焼いたカバブと並ぶ定番メニュー。肉臭さは少なく、羊肉が苦手でも大丈夫。

ミートボールのトマトソース煮込み
داوود باشا
ダウード　バシャ
stewed meatballs

羊のミートボールをトマトソースで煮込んだ料理。濃い口の味付けで、白いご飯が無性に食べたくなる。

ローストダック
بطة محمرة
バッタ　メハンマラ
roast duck

アヒル肉に繰り返し熱い油をかけてぱりっと仕上げた料理。見た目の割には淡泊な味わいだ。

ハトのご飯詰め
حمام محشي
ハマーム　マハシ
hamam mahshi (stuffed squab)

ハトの腹の中に味付けした米を詰めてローストした料理。ばりばりと骨ごとかじり付くのがエジプト流。

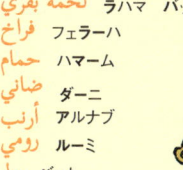

ひとくちコラム
メインディッシュの付合せは？エジプトではパンのほかに、付合せにお米が出てくることも多い。ピラフの上に小エビの乗ったロッズ・ビ・ガンバリや、羊のレバーとあえて炒めたロッズ・ビ・ケブダなどはメインディッシュにもなる。また、パンを肉汁と一緒に煮込んだファッタなど、炭水化物系は充実している。

使える！ワードバンク　肉編

牛肉	لحمة بقري	ラハマ　バッリ
鶏肉	فراخ	フェラーハ
ハト肉	حمام	ハマーム
羊肉	ضاني	ダーニ
ウサギ肉	أرنب	アルナブ
七面鳥	رومي	ルーミ
アヒル肉	بط	バット

★豚肉（ハンズィール）はイスラーム教で不浄とされるため、エジプトではほとんど食されない

デザート、飲みもの

حلويات ومشروبات
ハラウィーヤート ウ マシュルーバート
Desserts and Beverages

> **デザートには何がありますか？**
> عندكم إيه في الحلويات؟
> アンドコ　エー　フィル　ハラウィヤート↓
> What do you have for dessert?

> **お菓子を少し買いたいのですが**
> عاوزة أشتري شوية حلويات
> アウザ　アシュテリ　シュワイイェト　ハラウィヤート
> I'd like to buy some sweets.

デザート
حلويات　ハラウィーヤート
Desserts

エジプトのデザートには砂糖、シロップ、ドライフルーツがたっぷり入り、舌がしびれるほど甘い。暑さを乗り切るエジプト人の智恵。

アーシューラー（小麦のプリン）
عاشورا
アシューラ
ashurah (wheat pudding)

小麦の入ったプリンにミックスナッツをトッピングしたもの。もともとムハンマドの孫フセインの命日に食す特別なデザートだった。

コナーファ（細麺のシロップ固め）
كنافة
コナーファ
konafa

小麦をこねて作った細い麺状のものを、シロップで固めてこんがり焼いた菓子。ラマダーン月の最中に好んで食べられる。

オム・アリ（パンのプリン）
أم علي
オンム　アリ
umm ali (bread pudding)

パンの入ったプリンにミックスナッツをふりかけオーブンで焼いたお菓子。マムルーク朝第3代君主アリーの母后が考案したという。

マハラベイヤ（ミルクプリン）
مهلبية
マハッラベイヤ
mehalabia (milk pudding)

牛乳を澱粉で固め、冷やして食べるミルクプリン。ミックスナッツを振りかけ、ローズウォーターで香り付けをすることもある。

ロズビラバン（ライスプディング）
رز باللبن
ロッズ　ベッラバン
roz bel laban (rice pudding)

米粒の入ったマハラベイヤ。甘く煮たお米の食感を嫌がる人もいるが、ぜひ一度トライしてほしい。腹持ちのよいデザート。

使える！ワードバンク — おやつ編

日本語	アラビア語	発音
アイスクリーム	آيس كريم	アイス クリーム
バスブーサ ★	بسبوسة	バスブーサ
バクラバ ★	بقلاوة	バッラーワ
カハク（クッキー）	كعك	カアク
バラハ・エル・シャーム（シロップ漬揚げパン）	بلح الشام	バラヘッ シャーム
ホンモセイヤ（ヒヨコ豆の砂糖寄せ）	حمصية	ホンモセイヤ

★ バスブーサとは薄いケーキのシロップ漬け、バクラバとはナッツのパイ生地包みのこと

飲みもの
مشروبات
マシュルーバート
Drinks

暑いエジプトで水分補給は欠かせない。せっかくだからいろんな飲み物にトライしよう。フレッシュジュースが安いのもうれしい。

トルココーヒー
قهوة
アハワ
ahwa (coffee)

細挽きのコーヒー豆を煮出し、粉が沈殿した上澄みを飲む。砂糖多め。

紅茶
شاي
シャーイ
chai (tea)

細かい茶葉を煮出していれる。苦みの強い紅茶。これも砂糖たっぷりで。

ヘルバ
حلبة
ヘルバ
herb tea

植物の種のハーブティーで、お腹に優しい。ミルクで割ることもある。

ヤンスーン
ينسون
ヤンスーン
anise tea

アニスのハーブティー。つんと香る独特のにおいがクセになるかも？

カルカデ
كركديه
カルカデイ
karkade

上エジプト名産ハイビスカスのお茶。アイスでもホットでもおいしい。

サハラブ
سحلب
サハラブ
hot coconut drink

ココナッツ味の温かい飲み物。ミックスナッツをトッピングしてどうぞ。

マンゴージュース
عصير مانجة
アスィール マンガ
mango juice

濃厚なマンゴーのジュース。おいしいお店だと果肉入りのことも。

イチゴジュース
عصير فراولة
アスィール ファラウラ
strawberry juice

イチゴをふんだんに使った濃厚なフレッシュジュース。激甘。

スイカジュース
عصير بطيخ
アスィール バッティーフ
watermelon juice

日本ではあまり見ないスイカのジュース。あっさりとした味わい。

ホオズキのジュース
عصير حرنكش
アスィール ハランカシュ
physalis juice

これもレア・アイテム？クセのある甘さだが、ぜひ味わっておきたい。

サトウキビのジュース
عصير قصب
アスィール アサブ
sugarcane juice

サトウキビの穂をバリバリと砕いて作るジュース。ちょっと青臭い。

ソビア
سوبية
ソビヤ
subiya

小麦を発酵させて作った、乳酸飲料系の味のジュース。

ビール ★
بيرة
ビーラ
beer

国産ビール銘柄のステラは、クセがなく日本人の口にも合いそう。

ワイン
نبيذ
ネビート
wine

赤ワインのオベリスクなど、赤白ロゼと国産銘柄が揃っている。

使える！ワードバンク 〜飲みもの編〜

日本語	アラビア語	読み
ミネラルウオーター	مية معدنية	マイヤ マアダネイヤ
赤ワイン	نبيذ أحمر	ネビート アハマル
白ワイン	نبيذ أبيض	ネビート アブヤド
コーラ	كولا	コーラ
炭酸飲料 ★	مشروبات غازية	マシュルバート ガゼイヤ
フレッシュジュース	عصير فواكه	アスィール ファワーケフ
ミックスジュース	كوكتيل	コクテール
牛乳	لبن	ラバン

★国産ビールではラベルのきれいなサッカーラも有名。炭酸飲料のフェイルーズも味わいたい

マクハーで一服

يلا نستريح في القهوة

ヤッラ ネステライヤハ フィル アハワ
Egyptian Coffee Houses (Ahwa)

コーヒーの飲用は今から500年前、エジプトのスーフィー（修行僧）たちが眠気覚ましに飲み始めたのが最初だとか。そんな伝統のあるエジプトのマクハー（喫茶店）に、チャレンジしよう。立派な店構えの店もあれば、道端にテーブルとイスだけの店もある。常連客も旅人をきっと歓迎してくれるだろう。

コーヒーの砂糖はいかがなさいますか？

قهوتك إيه؟

アハワタック エー↓
How do you prefer your coffee?

ひとくちコラム
コーヒーの注文方法
エジプト人に「ちょうどいい」砂糖の量は日本人には甘すぎるので、「軽め」か「ブラック」を頼もう。「砂糖多め」で飲める人はかなりの甘党。

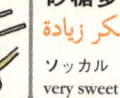

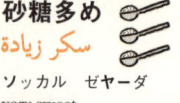

ブラック	軽め	ちょうどいい	砂糖多め
سادة	ع الريحة	مظبوط	سكر زيادة
サーダ	アッ リーハ	マズブート	ソッカル ゼヤーダ
without sugar	with little sugar	medium sweet	very sweet

読書	サッカー中継	水タバコ	ゲーム
قراية	ماتش الكورة	شيشة	لعبة
エラーヤ	マッチェッ コーラ	シーシャ	レウバ
reading a book	watching football on TV	shisha(waterpipe)	playing games

★ネスカフェやリプトンはインスタントだが、エジプトではコーヒーと紅茶の高級ブランドとされる

おかわりをください
إديني تاني.
エッディーニ　ターニ
One more, please.

よろこんで
عنيه.
エネイヤ
Be happy to.

炭をください
ولعة، لو سمحت.
ウェルア　ラウ　サマハト↓
Charcoal, please.

かしこまりました
أي خدمة، يا باشا.
アイイ　ヘドマ　ヤ　バーシャ↓
Certainly.

バックギャモンの遊び方を教えてください
علمني إزاي تلعب الطاولة، لو سمحت
アッレムニ　エッザーイ　テルアベッ　タウラ　ラウ　サマハト
Could you teach me how to play backgammon?

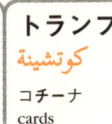

ドミノ	チェス	トランプ
دومينو	شطرنج	كوتشينة
ドミノ	シャトラング	コチーナ
dominoes	chess	cards

column | 水タバコ

マクハーに欠かせないのがシーシャ。タバコの煙を水に通してから吸うパイプだ。タバコの葉を蜜で固めたプレーンタイプや、リンゴの香りがついたものが主流だが、最近は新しいフレーバーも増えている。吸い口（マブサム）には使い捨てのプラスチック製器具を付けているので清潔だ。

おしゃべり
دردشة
ダルダシャ
talking with friends

クツみがき
لمع جزمة
ラムウ　ガズマ
shoe shining

使える！ワードバンク 水タバコのフレーバー編

プレーン	معصل	モアッサル
リンゴ	تفاح	トッファーハ
イチゴ	فراولة	ファラウラ
メロン	كنتالوب	カンタループ
アンズ	مشمش	メシュメシュ
スイカ	بطيخ	バッティーフ
カプチーノ	كابتشينو	カプチーノ

★シーシャは紙巻きタバコよりヘルシーだとも言われるが、あくまでタバコ。吸いすぎに注意しよう

調理方法と味付け

طريقة الطبخ والتتبيل
タリーエテッ タバハ ウェッ タトビール
Cooking and Flavouring

それの調理法はいかがいたしましょう？
تحبه إيه؟
トヘッボ エー↓
How would you like it cooked?

○○でお願いします
○○، لو سمحت.
○○ ラウ サマハト
○○, please.

炭火焼
مشوي
マシュウィ
charcoal grilled

串焼
شيش
シーシュ
spit-roasted

揚げた
مقلي
マッリ
deep fried

炒めた
محمر
メハンマル
fried

オーブン焼
في الفرن
フィル フォルン
baked

よく火が通った ★
مستوي
メステウィ
well-done

オリーブ油を使った
بزيت الزتون
ベ ゼーテッ ザトゥーン
cooked in olive oil

砕かれた
مطحون
マトフーン
crushed

切った
مقطوع
マットゥーウ
cut

ゆでた
مسلوق
マスルーッ
boiled

酢漬けの
بالخل
ベル ハッル
pickled

燻製にした
مدخن
メダッハン
smoked

蒸した
ع البخار
アル ボハール
steamed

煮込んだ
يخني
ヤハニ
stewed

つぶした
مهروس
マハルース
mashed

詰め物にした
محشي
マハシ
stuffed

生の
ني
ナイイ
raw

冷やした
مبرد
メバッラド
chilled

凍らせた
متلج
メタッレグ
frozen

料理する
طبخ
タバハ
cook

分け合う
اتقاسم
エトアーセム
share

★メステウィは、焼き肉に限らず、素材に良く火が通っている状態のこと。エジプトの肉料理はたいていウェルダンで仕上げられるため、焼き具合の指定は特にしない

気に入りましたか？
مبسوط؟
マブスート↑
Did you enjoy it?

最高です
مية مية
メイヤ メイヤ
Great.

とてもおいしいです
لذيذ جدا
ラズィーズ ゲッダン
It's delicious.

あまり口に合いません
ماعجبنيش.
マアガブニーシュ
I don't really like it.

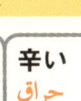

甘い
مسكر / حلو
ヘルウ／メサッカル
sweet

辛い
حراق
ハッラーッ
spicy

しょっぱい
حادق
ハーデッ
salty

油っぽい
فيه زيت كتير
フィー ゼート ケティール
oily

すっぱい
مزّ
メゼズ
sour

硬い
ناشف
ナーシェフ
hard

○○を取ってください
ناولني ○○ ، لو سمحت.
ナーウィルニ ○○ ラウ サマハト
Please pass me the ○○.

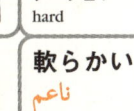

軟らかい
ناعم
ナーエム
soft / tender

塩
ملح
マルフ
salt

砂糖
سكر
ソッカル
sugar

酢
خل
ハッル
vinegar

コショウ
فلفل
フェルフェル
pepper

黒コショウ
فلفل إسود
フェルフェル エスウェド
black pepper

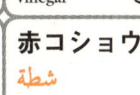

赤コショウ
شطة
シャッタ
chilli pepper

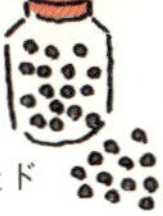

香辛料
توابل
タワーベル
spice

ミント
نعناع
ナアナーア
mint

サフラン
زعفران
ザアフラーン
saffron

月桂樹
شجر الغار
シャガレル ガール
laurel

シナモン
قرفة
エルファ
cinnamon

タイム
زعتر
ザアタル
thyme

オリーブ油
زيت زتون
ゼート ザトゥーン
olive oil

料理用バター
سمنة
サムナ
butter

はじめよう｜歩こう｜食べよう｜買おう｜極めよう｜伝えよう｜日本の紹介

野菜、果物、乳製品

خضروات وفواكه وألبان
ホドラワート ウ ファワーケフ ウ アルバーン
Vegetables, Fruit, Dairy Products

何になさいますか？
عاوز حاجة؟
アーウェズ ハーガ↑
May I help you?

○○を□kgください
□ كيلو ○○ ، لو سمحت.
□ キーロ ○○ ラウ サマハト
I'll have □kg of ○○, please.

オクラ / بامية / バミヤ / okra

トマト / قوطة / طماطم / タマーテム／ウータ / tomato

キュウリ / خيار / ヘヤール / cucumber

アーティチョーク / خرشوف / ハルシューフ / artichoke

ピーマン / فلفل أخضر / フェルフェル アフダル / green pepper

キャベツ / كرمب / コロンブ / cabbage

ジャガイモ / بطاطس / バターテス / potato

ナス / بدنجان / ベデンガーン / aubergine

タマネギ / بصل / バサル / onion

ズッキーニ / كوسا / クーサ, コーサ / courgette, zucchini

ニンジン / جزر / ガザル / carrot

モロヘイヤ / ملوخية / モロヘイヤ / mulukhiya

ホオズキ / حرنكش / ハランカシュ / physalis

ひとくちコラム
エジプトの野菜
灼熱の乾燥気候帯にありながら、エジプトはナイル川のおかげで水が豊富にあり、さまざまな野菜が栽培されている。トマトやキュウリ、ナスなどは日本でもおなじみの野菜だが、日本のものよりもサイズがひと回り大きい。日本ではなじみの薄いアーティチョークやモロヘイヤ、ズッキーニなどは、エジプトではポピュラーな野菜であり安く手に入る。スーク（→P60）を覗いてみて、新鮮な野菜を品定めするのも面白い。

使える！ワードバンク 野菜編

日本語	アラビア語	読み
キノコ ★	عش الغراب	エッシェル ゴラーブ
レタス	خس	ハッス
そら豆	فول	フール
インゲン	فاصوليا	ファソリヤ
黒目豆	لوبيا	ルビヤ
ニンニク	توم	トーム
パセリ	بقدونس	バッドウーネス

★エジプトで売られているキノコはマッシュルーム（مشروم）だけ

ひとくちコラム

エジプトの名産と言えば?
古代のファラオたちも食べていたというモロヘイヤ。見た目はホウレンソウと似ているが、細かく刻むと粘り気が出る。エジプトにはマハラタというモロヘイヤをみじん切りする専用包丁があるほどポピュラーな食材だ。スーパーなどで乾燥モロヘイヤを売っているので、おみやげにしては?

日本語	アラビア語	カナ	英語
イチジク	تين	ティーン	dried fig
ピスタチオ	فستق	フォストッ	pistachio
クルミ	بندق	ボンドッ	walnut
アーモンド	لوز	ローズ	almond
干しアンズ	مشمش	メシュメシュ	dried apricot
タマリンド	تمر هندي	タマル ヘンディ	tamarind
パイナップル	أناناس	アナナース	pineapple
マンゴー	مانجا	マンガ	mango
メロン	شمام	シャンマーム	melon
サクランボ	كريز	ケリーズ	cherry
グアバ	جوافة	ゴワーファ	guava
ミカン	يوستفندي	ヨスタファンディ	mandarin
リンゴ	تفاح	トッファーハ	apple
バナナ	موز	モーズ	banana
オレンジ	برتقان	ボルトアーン	orange
スイカ	بطيخ	バッティーフ	watermelon
モモ	خوخ	ホーフ	peach
イチゴ	فراولة	ファラウラ	strawberry
ザクロ	رمان	ロンマーン	pomegranate
スモモ	برقوق	バルウーッ	plum
ブドウ	عنب	エナブ	grape

ひとくちコラム

果物のピラミッド?
スークなどではオレンジやマンゴーがきれいなピラミッド状に積み上げられていることが多く、さすがはエジプトと感心させられる。ただし、目に付くところに積み上げられているのは形のよい果物ばかりだが、形の悪いものや傷んだものが後ろに置いてあるので、買うときには注意しよう。

日本語	アラビア語	カナ	英語
ヨーグルト	زبادي	ザバーディ	yogurt
牛乳	لبن	ラバン	milk
バター	زبدة	ゼブダ	butter
チーズ	جبنة	ゲブナ	cheese
玉子	بيض	ベード	egg
クリーム	قشطة	エシュタ	cream

買おう

商い上手で粘り強いエジプト人。電卓とメモを片手にじっくり料金交渉しよう。買う気がないと思わせる演技力も必要だ。

勝負!?

エジプト観光地のみやげ物店には定価など存在しないので値切り交渉は必須

観光客はみな金持ちと思っているので

英語や日本語まで交え、とんでもない高値をふっかけてきます

オジョーサン、キレイネ

イマダケ、アナタダケ

コレ、オカイドク

向こうの言い値の一桁違いの額で対応してみましょう

100ポンド

10！

★市場についてはP60、エジプトみやげについてはP61を参照しよう

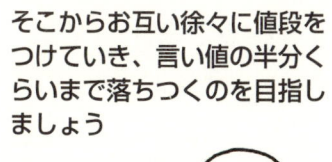

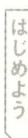

そこからお互い徐々に値段をつけていき、言い値の半分くらいまで落ちつくのを目指しましょう

90 20

がんばれ アコ

50！ これ以下では売れない

OK

商談成立

やったね、アコ

50エジプトポンドじゃなくて50イギリスポンドだから

この〜〜〜っっ

エジプト商人、油断してはいけません

★50イギリスポンドは約7200円。50エジプトポンドは約800円。
1イギリスポンド＝144円、1エジプトポンド＝約16円（2010年2月現在）

お店を探そう

يالا ندور على محلات
ヤッラ ネダウワル アラ マハッラート
Finding Shops

○○を探しています。それはどこで買えますか？

بدور على ○○. أشتريه منين؟
バダウワル アラ ○○
アシュテリーフ メネーン↓
I'm looking for a ○○. Where can I buy one?

ショッピングセンター
مركز تجاري / مول
モール/マルカズ テガーリ
shopping centre

スーパーマーケット ➡P58
سوبر ماركت
スーバル マルケト
supermarket

食料雑貨店 ➡P59
بقالة
ベアーラ
grocery store

キオスク
كشك
コシュク
kiosk

市場 ➡P60
سوق
スーッ
market

商店街
ممر
ママッル
shopping arcade

そこにはどうやって行けますか？
أروح هناك إزاي؟
アルーフ ヘナーク エッザーイ↓
How do I get there?

ここで両替はできますか？
أقدر أغير عملة هنا؟
アッダル アガイヤル オムラ ヘナ↑
Can I exchange money here?

ひとくちコラム
エジプトならではのお店「スーク」
最近では大型のショッピングセンターも増えてきたが、小さいながらも品揃え豊富な食料雑貨店も健在だ。市場を意味する「スーク」という言葉は、路上に商品を並べただけの青空市場を指すこともあれば、アーケード街、小売店の雑居ビルなどを指すこともある。また香辛料店（アッタール）ではスパイスだけでなく、ドライフルーツや豆類など、いろんな商品を扱っている。

薬局
أجزخانة، صيدلية
サイダレイヤ/アグザハーナ
drug store

両替店
صرافة
セラーファ
currency exchange

書店
مكتبة
マクタバ
bookstore

パン店
فرن/مخبز
マハバズ/フォルン
bakery

★薬局はヘビの絡みついた盃がシンボルとなっており、看板には必ずその絵が描かれている

いらっしゃいませ。何かお探しですか？
أهلا وسهلا. بتدور على حاجة؟
アハラン ウ サハラン↓ ベトダウワル アラ ハーガ↑
Welcome. May I help you?

ちょっと見ているだけです
أنا بتفرج بس، شكرا.
アナ バトファッラグ バッス ショクラン
I'm just looking.

これを見せてください
خليني أشوفه.
ハッリーニ アシューフォ
Can I have a look at this?

いくらですか？	高い	安い	安くしてください
بكام؟	غالي	رخيص	خفض السعر شوية
ベ カーム↓	ガーリ	レヒース	ハッファデッ セウル ショワイヤ
How much?	expensive	cheap	Can I have a discount, please.

これをください	ごめんなさい。またにします
إديني ده.	معلش. حاجي بكرة.
エッディーニ ダ	マアレッシュ ハーギ ボクラ
I'll take this.	No thanks, maybe another time.

このカードは使えますか？
ممكن أستعمل الكارت ده؟
モムケン アスタアメレッ カルト ダ？
Can I use this card?

🐪 ひとくちコラム
なんでも量り売り
エジプトでは香辛料はもちろん、野菜やパンまでもキロ単位の量り売りだ。1個ずつ欲しい時は「4分の1キロ」「半キロ」と言おう。分数についてはP87参照。

貴金属店
محل مجوهرات
マハッル モガウハラート
jewellery store

みやげ物店
محل هدايا
マハッル ヘダーヤ
souvenir shop

香水専門店
محل عطور
マハッル オトゥール
perfumery

香辛料店
عطار
アッタール
spice shop

好きな色、柄、素材を探そう

يلا ندور على الألوان والنقشات والخامات
ヤッラ ネダウワル アラル アルワーン
ウェン ナッシャート ウェル ハマート
Finding Colours, Patterns, and Materials

○○色のものはありますか？
عندكم حاجة لونها ○○ ؟
アンドコ ハーガ ロンハ ○○↑
Do you have this in ○○?

いいえ
لا
ラ
No. Sorry.

はい
أيوه
アイワ
Sure.

ほかの○○を見せてください
وريني ○○ تاني، من فضلك.
ワッリーニ ○○ ターニ メン ファドレック↓
Can I see something in another ○○?

品切れです
ده خلص.
ダ ヘレス
Sold out.

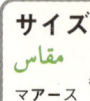

サイズ	色	柄（模様）	素材
مقاس	لون	نقشة	خامة
マアース	ローン	ナッシャ	ハーマ
size	colour	pattern	material

明るい色	暗い色	パステルカラー
لون زاهي	لون غامق	لون فاتح
ローン ザーヒ	ローン ガーメッ	ローン ファーテフ
bright colour	dark colour	pastel colour

赤	グレー	白	黄	緑	黒
أحمر	رمادي	أبيض	أصفر	أخضر	أسود
アハマル	ロマーディー	アブヤド	アスファル	アハダル	エスウェド
red	gray	white	yellow	green	black

ピンク	茶	オレンジ	紫	水色	青
وردي	بني	برتقاني	بنفسجي	لبني	أزرق
ワルディ	ボンニ	ボルトアーニ	バナフセギ	ラバニ	アズラッ
pink	brown	orange	purple	light blue	blue

これは何でできていますか？
ده مصنوع من إيه؟
ダ マスヌーウ メン エー↓
What's this made from?

亜麻
كتان
ケッターン
linen

綿です
من القطن.
メネル オトン
It's cotton.

シルクでできたものはありますか？
عندكم حاجة مصنوعة من الحرير؟
アンドコ ハーガ マスヌーア メネル ハリール↑
Do you have made from silk?

ウール
صوف
スーフ
wool

カシミア
كشمير
カシュミール
cashmere

ナイロン
نايلون
ナイルーン
nylon

ポリエステル
بوليستر
ポリステル
polyester

牛革
جلد
ゲルド
leather

羊革
جلد ضاني
ゲルド ダーニ
sheepskin

合成皮革
جلد صناعي
ゲルド セナーイ
synthetic leather

デニム
قماش چينز
オマーシュ ジーンズ
denim

ひとくちコラム
エジプトでポピュラーな素材
綿栽培のさかんなエジプトでは、エジプト綿100％の衣服がよく売られている。また家畜の飼育数が多いため、革製品も安価で手に入る。

ビロード
قطيفة
アティーファ
velvet

レース編み
دنتلة
ダンテッラ
lace

刺繍
مطرز
メタッラズ
embroidery

無地
سادة
サーダ
plain

縦縞（ストライプ）
مقلم بالطول
メアッレム ベットゥール
striped

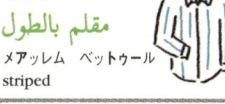

横縞
مقلم بالعرض
メアッレム ベルアルド
bordered

チェック
مربعات
メラッバアート
checked

花柄（樹木類含む）
مشجر
メシャッガル
floral patterned

水玉
منقط
メナッアト
(polka) dotted

柄の入った
مزركش
モザルケシュ
adorned

ペイズリー柄
بيسلي
ベースリ
paisley motif

アラベスク★
أرابيسك
アラビースク
arabesque

★アラベスクとはイスラーム美術でよく用いられる幾何学模様や唐草模様のこと

欲しい服、アイテムを探そう

يلاه ندور على هدوم
ヤッラ ネダウワル アラ ホドゥーム
Finding Clothes and Accessories

試着してみていいですか？
ممكن أجرب ده؟
モムケン アガッラブ ダ↑
Can I try this on?

はい。どうぞこちらへ
اتفضل. تعال هنا.
エトファッダル タアール ヘナ
Sure thing. Right this way.

ピッタリです
مظبوط.
マズブート
It fits perfectly.

もっと○○なものはありますか？
عندكم حاجة ○○؟
アンドコ ハーガ ○○↑
Do you have anything ○○-er?

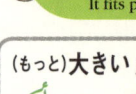

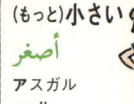

(もっと)**大きい** أكبر アクバル big	(もっと)**小さい** أصغر アスガル small 	(もっと)**長い** أطول アトワル long 	(もっと)**短い** أقصر アッサル short 
(もっと)**ゆるい** أوسع アウサア loose 	(もっと)**きつい** أضيق アドヤッ tight 	**長袖** كم طويل コンム タウィール long-sleeved	**半袖** نص كم ノッス コンム short-sleeved

ジャケット
جاكيت
ジャーキト
jacket

帽子（レース編のお祈り帽）
طاقية
タエイヤ
skull-cap

ターバン
عمة
エンマ
turban

パンツ（ズボン）
بنطلون
バンタローン
trousers

ストール
كوفية
コフェイヤ
stole

ガラベイヤ
جلابية
ガッラベイヤ
gown

★白と黒の格子柄ストールは、元々パレスチナの民族衣装。今はファッションとして人気がある

バッグ
شنطة
シャンタ
bag

靴
جزمة
ガズマ
shoes

帽子
برنيطة
ボルネータ
hat

傘
شمسية
シャムセイヤ
umbrella

下着
هدوم داخلية
ホドゥーム ダーレイヤ
underwear

水着
مايوه
マヨー
swimsuit

靴下
شراب
シャラーブ
socks

ストッキング
كلون
コローン
tights

ひとくちコラム
エジプト服の種類
欧米スタイルの服装が一般的だが、男女とも短パンやミニスカートはあまりはかない。女性の半数近くがベールを被っているが、ベールの色や柄のデザインはさまざまである。ベールの下に洋服を着ていることも多い。

使える!ワードバンク 〈洋服編〉

日本語	アラビア語	読み
ネクタイ	كرفتة	カラヴァッタ
Yシャツ	قميص	アミース
スーツ	بدلة	バドラ
セーター	بلوفر	ベルーヴァル
ブラウス	بلوزة	ベルーザ
ワンピース	فستان	フォスターン
ベスト	چليه	ジレー
コート	بالطو	バルト

使える!ワードバンク 〈アイテム編〉

日本語	アラビア語	読み
スニーカー	جزمة رياضية	ガズマ レヤーデイヤ
サンダル	صندل/شبشب	シェブシェブ/サンダル
ハイヒール	كعب عالي	カアブ アーリ
ブーツ	بوت	ブート
財布	محفظة	マハファザ
ベルト	حزام	ヘザーム
リュック	شنطة ظهر	シャンテト ドフル
ストール	إشارب	エシャルプ
マフラー	رباط	レバート
手袋	جوانتي	ゴワンティ

Tシャツ
تي شيرت
ティ シェルト
t-shirt

ジーンズ
چينز
ジーンズ
jeans

ベール（ヒジャーブ）
حجاب
ヘガーブ
veil

スカート
جيبة
ジーバ
skirt

ニカーブ ★
نقاب
ネカーブ
long veil

アバーヤ
عباية
アバーヤ
robe

★エジプトもニカーブ姿の女性が増えている。ニカーブをまとって替え玉受験などという事件も！

化粧品、アクセサリーを買おう

يلاه نشتري أدوات التجميل والأكسسوارات
ヤッラ ネシュテリ アダワーテッ タグミール ウェル アクセスワラート
Buying Cosmetics and Jewelry

エジプトブランドのものはありますか？
عندكم منتجات بماركات مصرية؟
アンドコ モンタガート ベ マルカート マスレイヤ↑
Do you have any Egyptian brand goods?

別々に包んでください
لف كل حاجة لوحدها
レッフ コッル ハーガ レ ワハダハ
Please wrap these separately.

ひとくちコラム
エジプトブランドについて
化粧品類のほとんどが輸入品だが、有名メーカーはエジプト向けブランドを製造している。また香水や石けんなどは天然素材のエジプト製品も多い。

香水
عطر / ريحة
リーハ／アトル
perfume

オーデコロン
كولونيا
コローニヤ
eau de cologne

くし／ヘアブラシ
فرشة شعر / مشط
メシュト／フォルシェト シャアル
comb / hair brush

化粧水
لوسيون
ロスィヨーン
lotion

クレンジングクリーム
كريم مزيل للمكياج
ケリーム モズィール レル マキヤージュ
cleansing cream

ファンデーション
كريم أساس
ケリーム アサース
foundation

口紅
روج
ルージュ
lipstick

リップクリーム
زبدة كاكاو
ゼブデト カカーウ
lip cream

マニキュア
مونيكير
モンキール
manicure

アイシャドウ
كحل
コホル
eye shadow

マスカラ
مسكرة
マスカラ
mascara

シャンプー
شامبو
シャンブー
shampoo

トリートメント
بلسم
バルサム
treatment

石鹸
صابون
サブーン
soap

日焼け止めクリーム
كريم ضد الشمس
ケリーム デッデッ シャムス
sun block cream

ハンドクリーム
كريم إيدين
ケリーム イデーン
hand cream

ボディクリーム
كريم جسم
ケリーム ゲスム
body cream

歯ブラシ
فرشة أسنان
フォルシェト アスナーン
tooth brush

歯磨き粉
معجون أسنان
マアグーン アスナーン
tooth paste

コットン
قطن
オトン
cotton

★制汗剤 مزيل للعرق (モズィール レル アラッ) も、色々な種類のものが使われている

- サングラス / نظارة شمس / ナッダーレト シャムス / sunglasses
- ヘアピン / دبوس الشعر / ダッブーセッ シャアル / hair grip
- 腕輪 / أسورة / アスウェラ / bracelet
- 腕時計 / ساعة يد / サーエト イード / wristwatch
- ピアス / حلق / ハラッ / earrings
- ネックレス / عقد / オッド / necklace
- ブローチ / بروش / ボルーシュ / brooch
- 指輪 / خاتم / ハーテム / ring

貴金属・宝石について

古代エジプトと言えば、金や銀、トルコ石やラピスラズリなどで着飾った、ファラオや王妃の姿が思い浮かぶ。現代のエジプトマダムたちも、とにかく派手好みで、大振りな宝石類をじゃらじゃらさせている。旅の思い出に、カルトゥーシュやアンク十字などエジプトならではのデザインを探したい。

この金は何カラットですか？
ده كم قيراط؟
ダ カム イラート↓
What karat gold is this?

保証書をもらえますか？
ممكن آخد الضمان؟
モムケン アーホデッ ダマーン↑
Can I have a guarantee?

○○でできたネックレスはありますか？
عندكم عقد من ○○؟
アンドコ オッド メン ○○↑
Do you have any ○○ necklaces?

- トルコ石 / فيروز / ファイルーズ / turquoise
- 金 / ذهب / ダハブ / gold 
- 銀 / فضة / ファッダ / silver 
- ラピスラズリ / لازورد / ラーザワルド / lapis-lazuli

ひとくちコラム 宝石はどこで買うの？

ハン・ハリーリーやピラミッド通りには貴金属や宝石店がずらりと並ぶ一角がある。しかし地元の人たちはこれらの観光スポットよりは、ザマーレクやマアーディ、ナセルシティなどの商業地区で買うことが多いようだ。いずれにしても日本で買うよりはずっと安価で手に入るが、高価な買物には違いない。品物の善し悪しをしっかりと見極めたい。

使える！ワードバンク 〈宝石編〉

日本語	アラビア語	読み方
本物の	حقيقي	ハイーイ
人工の	صناعي	セナーイ
ルビー	ياقوت	ヤクート
琥珀	عنبر/كهرمان	カハラマーン／アンバル
メノウ	عقيق	アイーッ
ヒスイ	يشب	ヤシュブ
アクセサリー	أكسسوار	エクセスワール

★ حنة (ヘンナ) は、髪染めや、手や足首に模様を描くのに使われる。粉末がスークで安く手に入る

スーパー、雑貨店へ行こう

يالاه نروح سوبرماركت وبقالة
ネルーフ スーパルマルケト ウ ベアーラ
Going to Supermarkets and Grocery Stores

○○はどこにありますか？
○○ فين؟
○○ フェーン↓
Where is the ○○?

前方にあります
قدام.
オッダーム
At the front.

後方にあります
ورا.
ワラ
In the back.

瓶詰 / قزازة / エザーザ / bottle

缶詰 / علبة / エルバ / can

インスタント食品 / مأكولات سريعة / マクラート サリーア / instant food

冷凍食品 / مأكولات مجمدة / マクラート モガンメダ / frozen food

乳製品 / منتجات ألبان / モンタガート アルバーン / dairy goods

果物 / فاكهة / ファーケハ / fruit

菓子 / حلويات / ハラウィヤート / sweets

ピクルス / مخللات / طرشي / トルシ／メハッレラート / pickles

生活用品 / منتجات يومية / モンタガート ヨメイヤ / daily necessities

飲み物 / مشروبات / マショルバート / beverages

牛乳 / لبن / ラバン / milk

ヨーグルト / زبادي / ザバーディ / yogurt

トイレットペーパー / ورق تواليب / ワラット トワレット / toilet paper

ティッシュ / مناديل ورق / マナディール ワラッ / tissue

タオル / فوطة / フータ / towel

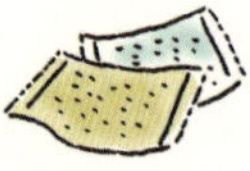

レジ / كاشير / カシール / till / check out

買物かご / سلة ، باسكت / バスケット／セッラ / shopping basket

使える！ワードバンク 〈雑貨編〉

日本語	العربية	カナ
カミソリ	موس	ムース
生理用ナプキン	فوطة صحية	フータ セッヘイヤ
ノート	كراسة	コッラーサ
ボールペン	قلم جاف	アラム ガーフ
はさみ	مقص	マアッス
のり	صمغ	サムグ
封筒	ظرف	ザルフ

エジプトの雑貨店について

町なかの至るところにある雑貨店「ベアーラ」。古びた作りの狭い店舗ながら、品揃えは日本のコンビニエンスストアのよう。ジュースやお菓子類、缶詰やタバコと、日用品が壁一面にずらりと並ぶ様は壮観とすらいえる。旅行中、急に何かが必要になったときは、ぜひ活用しよう。

小さいボトルの水をください
عاوز قزازة مية صغيرة
アーウィズ エザーゼト マイヤ ソガイヤラ
I'll have a small bottle of water, please.

○エジプトポンドです
○ جنيه.
○ ギネ
It's ○ Egyptian pounds.

新聞
جرنان
ゴルナーン
newspaper

ジュース
عصير
アスィール
juice

タバコ
سجارة
セガーラ
cigarette

テレフォンカード
كارت تليفون
カルト テレフォーン
telephone cards

(絵)はがき
كارت بستال
カルト ポスタール
postcards

水
مية
マイヤ
water

雑誌
مجلة
マガッラ
magazine

切手
طابع
ターベウ
stamp

ライター
ولاعة
ワッラーア
lighter

雑貨店
بقالة
ベアーラ
grocery store

おつり
الباقي
エルバーイ
receipt

小銭
فكة
ファッカ
change

使える！ワードバンク　スナック編

ガム	ليبان	レバーン
キャンディ	بونبوني	ボンボーニ
チョコレート	شوكولاتة	ショコラータ
ビスケット	بسكوت	バスクート
ポテトチップス	شيبسي	シブスィ
甘いゴマせんべい	سمسمية	セムセメイヤ
マルバン ★	ملبن	マルバン

★マルバンとは、求肥のような餅の中にピスタチオの入った小さなお菓子のこと

はじめよう / 歩こう / 食べよう / 買おう / 極めよう / 伝えよう / 日本の紹介

市場へ行こう

يالاه نروح السوق
ヤッラ ネルーフッ スーッ
Going to the Bazaar

預言者ムハンマドはメッカの商人。それだけにイスラーム教徒たちは、商売に誇りをもつ人が多い。そんな商人たちが集まる「スーク（市場）」で、彼らの熱い息吹に触れてみよう。

○エジプトポンドなら買います
إذا ده ○ جنيه، حأشتري.
イザ ダ ○ ギネ ハシュテリ
If it would be ○ Egypt pond, I'll take this.

○個買うので安くしてください
إديني أحسن سعر عشان حأشتري ○.
エッディーニ アハサン セウル アシャン ハシュテリ ○
I want to buy ○, so can you give me a better deal?

要りません
مش عاوزة
メシュ アウザ
I stop buying it.

買います
حاخد ده.
ハーホド ダ
I will buy it.

ひとくちコラム
買物交渉のコツ
スークの商品には定価がないため、値切り交渉は必須だ。しかし、エジプトの商人たちはなかなかに手強い（→P48）。そんな時、4色ボールペンなどを交換材料にすると意外な効果がある。米ドルなどの外貨をちらつかせてもいいだろう。だが一番大事なのは、あなたがその商品にいくらなら払ってもよいと思うかだ。あまり値切れなくとも、満足のいく額なら気持ちよく払いたい。

カフェ / قهوة / アハワ / café

楽器 / آلات موسيقية / アラート ムスィケイヤ / instruments

水タバコ / شيشة / シーシャ / Shisha (water pipe)

骨董品 / أنتيكة / アンティーカ / antique

泥人形 / عروسة من الصلصال / アルーサ メネッ セルサール / clay figures

ドライフルーツ / فواكه جافة / ファワーキフ ガッファ / dried fruit

香辛料 / توابل / タワーベル / spice

豆 ★ / فول / フール / beans

コーランの本 / مصحف / モスハフ / copy of the Koran

パッチワーク / مترقع / メトラッアア / patchwork

★エジプトではソラマメ（フール）にインゲン（ファソリヤ）のほか、ヒヨコ豆（ホンモス）、レンズ豆（アドス）なども豊富

○○を探しています。おすすめはどれですか？

أنا بدور على ○○ . إنت ترشح إيه؟

アナ　バダウワル　アラ　○○　エンタ　テラッシャハ　エー↓

I'm looking for ○○. What do you recommend?

カルトゥーシュ
خرطوش
ハルトゥーシュ
cartouche

ヒエログリフで名前を彫り込んでもらったペンダントはエジプトみやげの定番。

スカラベ・グッズ
جعران
ゴウラーン
scarab goods

スカラベ（フンコロガシ）の置物やアクセサリーは、生命の再生の象徴。

パピルス
بردي
バルディー
papyrus

壁画調の絵が描かれたパピルス紙。古代の製法そのままで作られている。

水タバコ
شيشة
シーシャ
Shisha (water pipe)

自宅でマクハーの雰囲気を味わいたい人向け。ガラス製なので持ち運びに注意。

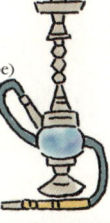

金属細工
مصنوعات نحاسية
マスヌアート　ナハセイヤ
metal work

精巧な彫りの入った金属の加工品。真鍮製が多いが金、銀、銅もある。

象眼細工
علبة صدف
エルベト　サダフ
inlaid work

木材に貝殻を埋め込んだアラブの伝統工芸。幾何学模様の小箱はおしゃれ。

ベドウィンの工芸品
مصنوعات بدوية
マスヌアート　バダウェイヤ
Bedouin crafts

砂漠に住むアラブの遊牧民ベドウィンたちが身につける装飾品や布地など。

革製品
مصنوعات جلدية
マスヌアート　ゲルデイヤ
leather goods

ラクダなどの革を加工して作った工芸品。財布、小物入れ、サンダルなど。

アラバスターの置物
حاجات ألبستر
ハガート　アラバスタル
alabaster goods

古代の神々やピラミッドをかたどった置物。アラバスターの乳白色が美しい。

絨毯
سجادة
セッガーダ
carpets

アラブと言えばやっぱり絨毯。値段は張るが、それだけの価値はある。

邪視除けのお守り
خمسة وخميسة
ハムサ　ウ　ヘミーサ
charm against evil

不幸をもたらす邪悪な視線から身を守るためのお守り。手の形をしている。

🐪 ひとくちコラム

宗教関連グッズ
仏教の数珠とよく似たロザリオ（セブハ）は、アッラーを称える99の美名にちなんで33個の粒が連なっている。手のひらに載るほどのミニサイズのコーラン（モスハフ）には、アラビア語が小さな字でぎっしりと書き込まれていて、中身は大きなコーランとも変わらない。携帯式の敷物（セッガーダ）は、イスラーム教徒が毎日の礼拝のために使う小物だが、デザインが美しくおみやげにピッタリ。

★香水瓶、音楽テープ、ベリーダンスの衣装、宝石（→P57）、ガラベイヤなどのエジプト服（→P54-55）もおみやげとして人気

極めよう

エジプト観光の目玉は古代遺産だけじゃない！ アラブ世界を牽引する芸能や音楽を極めて、真のエジプト通に?!

エジプトといえば…

古代文明の揺籃の地であると共に

中東一の芸能大国でもあります

カイロは植民地時代に英仏の中東経営の拠点だったので、ヨーロッパの最新技術が入ってきやすい都市でした

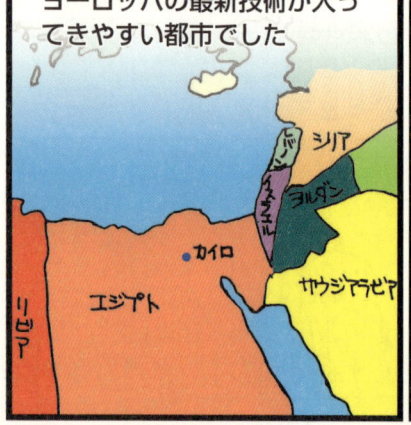

映画、レコード、ラジオ放送なども、中東ではほかの都市に先駆けて導入され、

現在に至るまでアラブの芸能の中心となっています

俳優、歌手、タレントの層も厚く、国境を越えて活躍する彼らのおかげで、エジプト方言のアラビア語★はアラブ世界いたるところで通じる「芸能標準語」の地位を確立

そういうわけで、エジプト人はエジプト方言に誇りをもっており、ほかのアラブの国の人の前でもエジプト方言で押し通すそうです

直す必要ないよ

大阪の人みたい

そういえばエジプトのドラマや映画ってコメディ率が高いんだって

お笑い系？

やっぱり大阪？

★エジプト方言の口語アラビア語についてはP110を参照

エジプトの歴史を極めよう

يلاه نعرف تاريخ مصر
ヤッラ　ネウラフ　タリーフ　マスル
Learning Egyptian History

五千年の歴史を誇るエジプト。さまざまな王朝が興亡し、時に異民族による支配も経験したが、住民のエジプト人らしさは一貫して変わらず、支配者もいつしか現地に同化していったと言われる。ファラオ時代、グレコ・ローマン時代、イスラーム時代と、幾重にも重なるエジプトの歴史に注目してみよう。

ひとくちコラム
古代エジプトの三大発明
ナイル川の恵みが太陽暦、測地術、パピルスの三大発明を生み出した。五千年前にはナイル水位の規則的な増減に対応し、1年365日とする太陽暦が発明された。またナイル川氾濫後の農地測量のために測地術が発達し、幾何学へと発展した。そしてナイル河畔に自生するパピルスから、BC2500年ごろには文字を記す道具が製造された。

古王国時代 (BC2650～BC2200)
عصر المملكة القديمة
アスレル　マムラカル　アディーマ
Old Kingdom

首都メンフィスを中心に、強力な王権が発達した時代。3大ピラミッドをはじめ多くの巨大建築がギザやメンフィスに建てられた。

新王国時代 (BC1550～BC1070)
عصر المملكة الحديثة
アスレル　マムラカル　ハディーサ
New Kingdom

ヒクソスを追放してアジアに進出、世界帝国を築いた時代。トトメス3世ほか多くの英主が現れ、大神殿、墳墓群を築いた。

BC3000　BC2500　BC2000　BC1500　BC1000　BC500

初期王朝時代 (BC3000～BC2650)
عصر الأسر المبكرة
アスレル　オサレル　モバッケラ
Early Dynastic Period

上エジプト（ナイル上流）と下エジプト（デルタ地帯）が統一され、アスワンから地中海までが初めて単独の政権により支配された。

中王国時代 (BC2040～BC1785)
عصر الدولة الوسطى
アスレッ　ダウラル　ウォスタ
Middle Kingdom

古王国滅亡後の混乱から回復して繁栄した時代。ヌビア、シリアに勢力を広げるが、衰退して異民族ヒクソスの侵入を受ける。

末期王朝時代 (BC1070～BC332)
العصر المتأخر
エルアスレル　モタアッハル
Late Period

アッシリアやアケメネス朝ペルシアなど、大帝国による支配を受けた時代。こののちアレクサンドロス大王によって征服される。

BC2550 ギザで三大ピラミッド建設
بناء أهرامات الجيزة
ベナー　アハラマーテッ　ギーザ
Construction of the Pyramids at Giza

BC1365 アマルナ遷都
تأسيس العاصمة الجديدة في تل العمارنة
タッスィーセル　アーセメル　ゲディーダ　フィ　タッレル　アマルナ
Relocation of capitol to Akhetaten(al-Amarna)

BC1275 カデシュの戦い
معركة قادش
マアラケト　カーデシュ
Battle of Qadesh

★プトレマイオス朝とローマ帝国支配の時代を合わせて、グレコ・ローマン時代と呼ぶ

プトレマイオス朝の首都はどこですか？

عاصمة البطالمة فين؟

アーセメテル バターラマ フェーン↓
Where was the capitol during the Ptolemaic period?

アレキサンドリアです

الإسكندرية.

エルエスカンダレイヤ
Alexandria.

ひとくちコラム
首都の変遷
エジプト最初の首都メンフィスは現在のカイロ近郊、ナイル川が多くの支流に分岐する地点に位置する。その後テーベ（現在のルクソール）やアレキサンドリアに都が移るが、ローマ時代にはエジプトの中心はオールド・カイロに定まり、ファーティマ朝以降は一貫してカイロが首都となる。

プトレマイオス朝 (BC305～BC30)
البطالمة
エルバターラマ
Ptolemaic Period
アレクサンドロスの死後、その配下の将軍プトレマイオスが築いた王朝。首都アレキサンドリアに建造された大図書館が有名。

ファーティマ朝 (909～1171)
الخلافة الفاطمية
エルヘラーファル ファーテメイヤ
Fatimid Period
チュニジアで勃興したファーティマ家を擁してエジプトを征服したシーア派王朝。現在のイスラーム地区に新首都カイロを建造した。

ムハンマド・アリー朝 (1805～1953)
أسرة محمد علي
オスレト モハンマド アリ
Muhammad Ali Dynasty
オスマン帝国の支配から脱し、近代国家の建設が進められた時代。軍事・経済で力を持ったが、やがてイギリスの半植民地となった。

BC　AD　500　1000　1500　2000

ローマ帝国支配 (BC30～AD395)
الإمبراطورية الرومانية
エルエムベラトゥレイヤッ ルマネイヤ
Roman Period
ローマ皇帝アウグストゥスがクレオパトラ7世の軍を破ってエジプトを併合、ローマ領とした。キリスト教徒への弾圧も行われた。

マムルーク朝 (1260～1517)
عصر المماليك
アスレル ママリーク
Mumluk Period
奴隷出身の軍人（マムルーク）たちが実権を握った時代。十字軍、モンゴル帝国などの外敵を撃退し、経済的にも繁栄した時代。

エジプト・アラブ共和国 (1953～現在)
جمهورية مصر العربية
ゴムフーレイィエト マスレル アラベイヤ
Arab Republic of Egypt
ナセルらの革命により成立した共和国。当初はアラブの盟主として国際的地位を高めたが、70年代以降、親米国となり今に至る。

BC334 アレクサンドロス大王の遠征
حملة الإسكندر الأكبر
ハムレテル エスカンダレル アクバル
Alexander the Great conquers Egypt

1099-1291 十字軍戦争
الحملات الصليبية
エルハムラーテッ サリベイヤ
The Crusades

1952 エジプト革命
ثورة يوليو
サウレト ユーリユ
Egyptian Revolution

★641年にアラブ軍がローマ軍を追放して以降の時代を総称して、イスラーム時代と呼ぶ

歴史上の人物を極めよう

يَلّا، نَتَعَرَّفْ عَلَى أَشْخَاصٍ تَارِيخِيَّةٍ فِي مِصْرَ
ヤッラ ネトアッラフ アラ アシュハース タリーヘイヤ フィ マスル
Learning about Historical People

あれは誰ですか？
مِين دَه؟
ミーン ダ↓
Who is that?

いつの時代の人ですか？
هو من عصر إيه؟
ホワ メン アスル エー↓
In which period did he live?

なにで有名な人ですか？
هو مشهور بإيه؟
ホワ マシュフール ベエー↓
What is he famous for?

> **ひとくちコラム**
> **ファラオとは？**
> ファラオとは古代エジプトの王のこと。元来「大きな家」を意味する単語であったが、それが転じて王の居所、王自身を指すようになったという。

ナルメル
نارمر
ナールメル
Narmer

上下エジプトを最初に統一したファラオとされるが、メネスという王と同一視されることもあり、その治世の詳細は不明。

クフ
خوفو
ホーフー
Khufu

ギザの三大ピラミッドの中でも最大のものを建造した古王国時代のファラオ。人民を酷使した暴君であったとも言われている。

ハトシェプト
حتشبسوت
ハッチャブスート
Hatshepsut

新王国時代の女王。交易に力をそそぎ、東アフリカ沿岸部のプントへ遠征隊を派遣した。葬祭殿のレリーフ画で知られる。

トトメス3世
تحتمس الثالث
トフトメセッ ターレト
Tuthmosis III

はじめ義母ハトシェプストと共同統治を行い、やがて単独統治を行う。ヌビア、シリアを征服し、古代エジプトの最大版図を実現。

●イスラーム時代の主な人物

サラディン
صلاح الدين
サラーヘッ ディーン
Salah ad-Din

アイユーブ朝の初代スルタン。カイロのシタデルを建設し、エルサレムを十字軍から奪回した。アラブ世界、イスラーム世界の英雄として今も人気が高い。

バイバルス
الظاهر بيبرس
エッザーヘル ベーバルス
al-Zāhir Baybars

マムルーク朝の第5代スルタン。奴隷出身ながらエジプト軍を率い、十字軍やモンゴル軍を撃退した。民間説話「バイバルス物語」で有名。

★かつて、ラムセス駅前にはラムセス2世像が立っていたが、2006年に郊外に移転された

column | エジプトの美女と言えば…

クレオパトラ（7世）はプトレマイオス朝最後の君主。ローマのカエサル、アントニウスを魅了した美貌は映画でもおなじみ。アマルナ美術の胸像で知られるアメンヘテプ4世の后ネフェルティティも、古代エジプトで最高の美女とほまれ高い。ラムセス2世の后として権勢を極めたネフェルタリは、多くの神殿に肖像が描かれている。

クレオパトラ7世
كليوباترا
クレオパトラ
Cleopatra VII

ネフェルティティ
نفرتيتي
ネフェルティーティ
Nefertiti

ネフェルタリ
نفرتاري
ネフェルターリ
Nefertari

アメンヘテプ4世
إخناتون
エフナトゥーン
Amenhotep IV (Akhenaten)

アテンを唯一神とする宗教改革を行いテル・エル・アマルナに遷都し、自らも「イクナートン（アテン神の生ける魂）」と改名した。

ラムセス2世 ★
رمسيس الثاني
ラムスィーセッ ターニ
Ramses II

カデシュの戦いでヒッタイトの南進を阻止し、最古の平和条約を結んだ。66年の治世の間、国内に数多くの建造物・石像を建てる。

ツタンカーメン
توت عنخ آمون
トゥート アンフ アームーン
Tutankhamun

アマルナからテーベに都を戻して一神教改革を終わらせたが、若くして世を去る。1922年に発見された黄金のマスクで有名。

プトレマイオス1世
بطليموس الأول
バトリムーセル アウワル
Ptolemy I

アレクサンドロスの後継者（ディアドコイ）の一人。大王の死後エジプトを領有し、アレキサンドリアを中心に王朝の基礎を固める。

ムハンマド・アリー
محمد علي
モハンマド アリ
Mohammed Ali

ナポレオン占領後の混乱した政局を制してエジプトを統一し、オスマン帝国の支配から脱した。常備軍の編成、殖産興業の促進など近代国家の整備を行う。

ナセル ★
جمال عبد الناصر
ガマール アブデン ナーセル
Gamal Abdel Nasser

エジプト革命後に実権を握り大統領となり、スエズ運河の国有化等を行って国力を高めた。アラブの団結を訴え、第三世界のリーダーとしても名をはせた。

★異民族支配の続いたエジプトで、ナセルは2500年ぶりに現れたエジプト出身の統治者であるともいわれる

ピラミッドを極めよう

يلاه نتعرف علي الأهرام
ヤッラ ネトアッラフ アラル アハラマート
Learning about the Pyramids

ピラミッドの中に入れますか？
ممكن أدخل الهرم؟
モムケン アドホレル ハラム↑
Can I enter the Pyramid?

マスタバ墳
مصطبة فرعون
マスタベト フィルウーン
Mastaba

階段ピラミッド
الهرم المدرج
エルハラメル モダッラグ
Step Pyramid

屈折ピラミッド
الهرم المنحني
エルハラメル モンハニ
Bent Pyramid

赤のピラミッド
الهرم الأحمر
エルハラメル アハマル
Red Pyramid

カフラー王のピラミッド
هرم خفرع
ハラム ハフラア
Khafre's Pyramid

中央に位置し、大きさは2番目だが、建造位置が高いため一番高く見える。頂上付近に残る石灰岩の化粧石は完成当時の姿をしのばせる。東側の葬祭殿から参道をまっすぐ進むとスフィンクスがある。

1辺の長さ215m。元の高さ143.5m

メンカウラー王のピラミッド
هرم منقرع
ハラム メンカラア
Menkaure's Pyramid

3つの中では最も新しいが、大きさはほかの2つの半分ほど。周囲には王妃たちのピラミッドのほか、参道や神殿の跡がある。東に進めば三大ピラミッドを一望できるパノラマポイントがある。

1辺の長さ102.2×104.6m。高さ65m

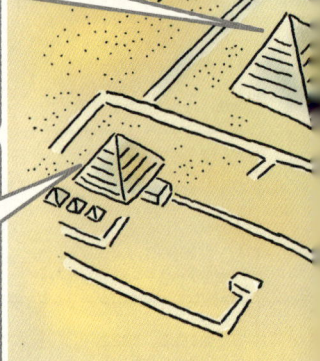

ギザの三大ピラミッド
أهرامات الجيزة الثلاثة
アハラマーテッ ギーザッ タラータ

ピラミッドができるまで

宇宙人が造った？という説まであるピラミッドだが、実際には当時の最先端技術で建造されていた。水位を利用した土台造り、星の観測による方位選び、船による資材運搬、そりを使った積み上げなど、古代エジプト人の知恵と努力には驚くばかりだ。

①場所決め＆土台作り
تخطيط وتأسيس
タハティート ウ タッスィース
Deciding the location & Strengthening the foundation

②測量＆方位決め
قياس وتحديد المساحة
エヤース ウ タハディーデル メサーハ
Surveying & deciding the orientation

★9世紀、カリフのマームーンがピラミッド内部を調査させたが、中身はからっぽだった

ひとくちコラム

ヘロドトスの伝えるピラミッド

BC500年、「エジプトはナイルのたまもの」という言葉で有名な、ギリシアの歴史家ヘロドトスは、その著書『歴史』の中で、ギザの三大ピラミッドの成り立ちについても説明している。たとえば、ケオプス（クフ王）は大変な暴君であり、自らの墓であるピラミッドを建造するために常に10万人もの国民を強制的に働かせ、建造費用を捻出するためには自らの娘を売り、20年間をかけて完成させたという。ところが、クフ王のピラミッドが建造されたのはBC2500年以前であり、ヘロドトスの時代とはすでに2000年の隔たりがある。近年ではピラミッドは王の墓ではなかったという学説も出ており、様々な点からヘロドトスの信憑性を疑う意見がある。

クフ王のピラミッド
هرم خوفو
ハラム　ホーフー
The Great Pyramid

三大ピラミッドの中では最古で最大。北側の入口から入り、大回廊を上ると中央部の王の間にいたるが、副葬品等は何も残されていない。南側には太陽の船、東側には王妃たちのピラミッド群がある。

1辺の長さは230.37m。元の高さ146.6m

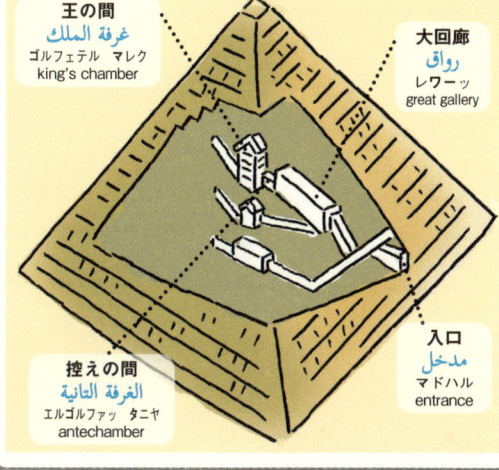

王の間
غرفة الملك
ゴルフェテル　マレク
king's chamber

大回廊
رواق
レワーッ
great gallery

控えの間
الغرفة الثانية
エルゴルファッ　タニヤ
antechamber

入口
مدخل
マドハル
entrance

スフィンクス ★
أبو الهول
アブル　ホール
The Sphinx

エジプトには数多くのスフィンクス像が残るが、このギザのものが最大。カフラー王のピラミッドを守護するために造られたと考えられている。アラビア語では「恐怖の父」と呼ばれる。

③石切＆運搬
تقطيع الحجر وتحميله
タッティーエル　ハガル　ウ　タハミーロ
Cutting & carrying the stones

④積み上げ
تكويم
タクウィーム
Building up the stones

⑤仕上げ
اكتمال
エクテマール
Finish

★ギリシア神話のスフィンクスは謎かけをする怪物だが、ギザのスフィンクス像とは無関係

はじめよう／歩こう／食べよう／買おう／極めよう／伝えよう／日本の紹介

古代の神殿を極めよう

يلاه نتعرف على المعابد القديمة
ヤッラ ネトアッラフ アラル
マアーベデル アディーマ
Learning about Ancient Temples

○○神殿の光と音のショーは何時からですか？

عرض الصوت والضوء في معبد
○○ يبدأ من الساعة كام؟

アルデッ ソート ウェッ ドッ フィ マアバド
○○ イェブダッ メネッ サーア カーム↓
When does the light and sound show at ○○ temple start?

ひとくちコラム
エジプトの古代神殿について
古王国時代が終わるとピラミッド建造のブームは去り、それに代わってエジプトの巨大建築は神殿が主流となる。特に、テーベを都とした新王国時代が神殿建設のピークだ。神殿の建築様式は、まず入口部分に幅広いファサードがあり、内部の列柱室から最奥の至聖所に向かってだんだんと幅が狭くなる。華麗なレリーフ、作りの細かな列柱、オベリスクに飾られた神殿建築の美しさを堪能しよう。

ルクソール神殿
معبد الأقصر
マアバデル オッソル
Luxor Temple
ラムセス2世らが建設した神殿。片方だけのオベリスクが有名。

カルナック神殿
معبد الكرنك
マアバデル カルナク
Temple of Amun
最高神アメンを祭る大神殿。歴代のファラオが増築を繰り返した。

ひとくちコラム
ルクソール西岸は「死者の町」
ルクソールでは神殿のある東岸に対して、西岸には王や王妃、貴族たちの墓が集まる。「王家の谷（ワディ・ル・モルーク）」には新王国時代のトトメス1世以降の63人のファラオが葬られ、その中には有名なツタンカーメンの墓や、色鮮やかな壁画のラムセス4世の墓がある。「王妃の谷」にはラムセス2世の王妃ネフェルタリの墓があるが、実際には王妃以外の王族や高官の墓も多い。そして西岸遺跡の中で最も大きく壮麗なのは、ハトシェプスト女王の葬祭殿（エッデイル・バハリ）だろう。切り立った崖のふもとをえぐるようにして立てられたこの建物は、女王の生前の栄華をしのばせる。内部のレリーフには、女王が南方のプントに派遣した交易船の絵が描かれている。

アブ・シンベル神殿 ★
معبد أبو سمبل
マアバド アブ センベル
Great Temple of Abu Simbel
ユネスコの援助でダムの底に沈むことから免れた。大・小の神殿から成る。

フィラエの神殿
معبد فيلة
マアバド フィーラ
Temple of Philae
プトレマイオス朝時代にイシス神のため造られた、比較的新しい神殿。

★ナセル湖造営により、1964年にアブ・シンベル神殿は大がかりな移設作業が行われた

●神殿の構造（アブ・シンベル大神殿）

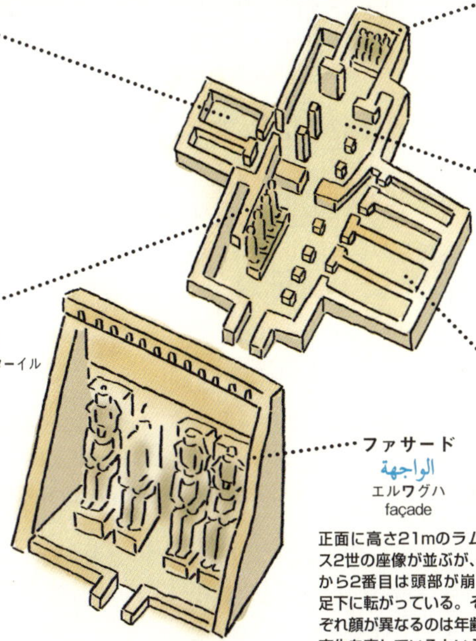

図書室
القمكتبة
エル　マクタバ
libraries

左右に台が配置されている狭い一室。儀式用のパピルス文書が置かれていたとされる。

大列柱室
قاعة الهيبوستايل
カーエテル　ヒボスターイル
hypostyle hall

オシリス神の姿をしたラムセス2世の立像が10体並んでいる。両側の壁のレリーフにはカデシュの戦闘場面などが描かれており、必見。

ファサード
الواجهة
エル　ワグハ
façade

正面に高さ21mのラムセス2世の座像が並ぶが、左から2番目は頭部が崩れ、足下に転がっている。それぞれ顔が異なるのは年齢の変化を表しているという。

至聖所
القاعة المقدسة
エル　カーアル　モアッダサ
inner sanctuary

左からプタハ神、アメン神、ラムセス2世、ラー神。年に2回だけ朝日が差し込む設計。

前室
القاعة الثانية
エル　カーアッ　タニヤ
the vestibule

神殿最奥の至聖所の手前にある、4本の柱の部屋。アメン＝ラーに船が描かれている。

倉庫
المخزن
エル　マハザン
store rooms

大列柱室の右側にある2つの小部屋。アブ・シンベル神殿に特有の構造だが、用途は不明。

---

column｜アブ・シンベル大・小神殿のレリーフ

大神殿にはカデシュの戦いなどの様子や、ラムセス2世が神々と並んでいる姿が描かれ、一方の小神殿には王妃ネフェルタリの姿が描かれる。これらは当時の歴史的事件を記録する書物の代わりであると同時に、ファラオの信仰心を広くアピールするモニュメントでもあった。

向かい合う二人のハピ神
ハピ神が持つ蓮とパピルスは上下エジプトの象徴。（大神殿の入口壁面）

戦うラムセス2世
ラムセスがリビア人捕虜を踏みつけ打ちすえる。（大神殿の大列柱室）

ラムセス2世とミン神
豊穣の神ミンとイシス女神は国土の繁栄を表す。（大神殿の大列柱室）

ラムセス2世の戴冠式
ホルス神とセト神から祝福を受け戴冠する様子。（小神殿の列柱室）

ネフェルタリの戴冠式
ハトホル女神とイシス女神から祝福を受けている。（小神殿の前室）

★アブ・シンベル大神殿の正面にはオベリスクがあるが、アラビア語で「メサッラ（太い針）」と呼ぶ

イスラーム建築を極めよう

يالّا نعرف العمارة الإسلامية
ヤッラ ネウラフェル エマーラル エスラーメイヤ
Learning about Islamic Architecture

あの建物は何ですか？
المبنى ده إيه؟
エルマブナー ダ エー↓
What is that building?

ミナレットには登れますか？
ممكن أطلع المأذنة؟
モムケン アトラエル マドナ↑
Can I climb the minaret?

はい
أيوه.
アイワ
Yes.

いいえ
لا.
ラ
No.

ひとくちコラム
イスラーム地区はみどころいっぱい
モイッズ通り、別名ベーネル・アスレーン（2宮殿の間）通りは、シタデルと並ぶイスラーム建築の名所。モスクや学院など、華麗な建築が軒を連ねる。

アズハル・モスク（カイロ）
جامع الأزهر
ガーメエル アズハル
Al-Azhar Mosque

ファーティマ朝時代の集会モスク。後代に増築されたミナレットやドームには、各時代の様式が見られる。

スルタン・ハサン学院（カイロ）
مدرسة السلطان حسن
マドラセテッ ソルターン ハサン
Mosque of Sultan Hassan

マムルーク朝を代表するエジプト最大のイスラーム建築。金色に装飾されたミフラーブなどの内装は圧巻。

バルスバーイ学院（カイロ）
مدرسة السلطان برسباي
マドラセテッ ソルターン ベルセバーイ
Mosque of al-Ashraf Barsbey

キプロス遠征や香辛料貿易の独占で知られる後期マムルーク朝の英主による建造。赤と黄色のストライプが人目をひくデザイン。周囲には香料店が並ぶ。なお、同じ人物の建造した修道院がカイロ東郊にあり、そちらの絵は1ポンド札に描かれている。

ムハンマド・アリ・モスク（カイロ）
جامع محمد علي
ガーメウ モハンマド アリ
Mosque of Mohammed Ali

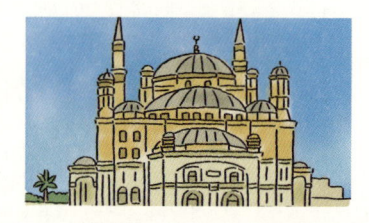

アイユーブ朝の城塞の上に建てられた19世紀の建造物。ドームやミナレットにオスマン朝の特徴がある。

★イスラーム建築にはモスクのほか、学院（マドラサ）、修道場（ハーンカー）もある

●イスラーム建築の構造（スルタン・カラーウーン学院）

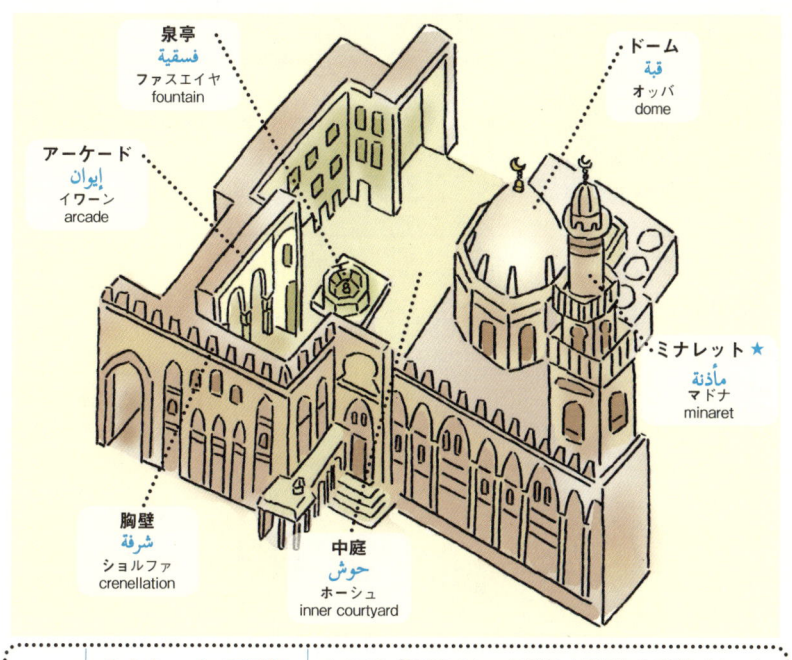

- **泉亭** فسقية ファスエイヤ fountain
- **ドーム** قبة オッバ dome
- **アーケード** إيوان イワーン arcade
- **ミナレット** ★ مأذنة マドナ minaret
- **胸壁** شرفة ショルファ crenellation
- **中庭** حوش ホーシュ inner courtyard

---

column ミナレットの種類

カイロは「千のミナレットの街」と呼ばれるほどミナレットの数が多い。その様式は時代によってさまざまであり、見比べるとおもしろい。

①アッバース朝式
العباسية
エルアッバーセイヤ
Abbasid style

らせん型の珍しい様式。イブン・トゥールーン・モスクが有名。

②アイユーブ朝式
الأيوبية
エルアイユーベイヤ
Ayyubid style

ずんぐりとしたツクシのような形が特徴。ハーキム・モスクなど。

③マムルーク朝式
المملوكية
エルマムルーケイヤ
Mamluk style

下から四角、多角形、円形の層が重なり、後代ほど細くなっていく。

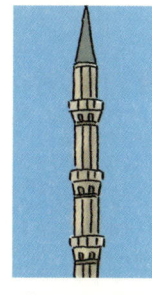

④オスマン朝式
العثمانية
エルオスマーネイヤ
Ottoman style

トルコと共通する鉛筆型の様式。ムハンマド・アリー・モスクなど。

★ミナレットとはモスク等に附属する、礼拝の時を告げるアザーンを唱えるための高い塔のこと

ヒエログリフ、古代の神々を知ろう

يالاه نعرف الهيروغليفي والآلهة الفرعونية

ヤッラ ネウラフェル ヒログリーフィ
ウェル アーレハル ファラオーネイヤ
Learning Hieroglyphics

○○をヒエログリフで刻んでくれませんか？
ممكن تنقش ○○ بالهيروغليفي؟
モムケン テンエシュ ○○ ベル ヒログリーフィ↑
Could you carve ○○ in hieroglyphics for me?

まずそれをローマ字で書いてください
طب، اكتبه بالإنجليزي.
タップ エクテボ ベル エンゲリーズィ
Please write it in the Latin alphabet first.

●ヒエログリフ ★

聖刻文字とも言い、古代エジプト語を書き表すための文字。絵文字から発達した象形文字で、壁画・碑文に用いられた。現代は使われていないが、みやげ物店ではアクセサリーにヒエログリフを刻むサービスもある。

A ハゲワシ	**B** 足	**C,K** 取っ手付きのカゴ
H アシの避難小屋または亜麻の糸	**I** 2つのレンガ	**J** ヘビ
N 王冠	**O** 結び輪のある長い縄	**P** ひじ掛け・背のない腰かけ	**Q** 盛り上がった土
X 取っ手付きのカゴ	**Y** 2つのアシの花	**Z** 2本のひも	**TH** 家畜のつなぎ縄

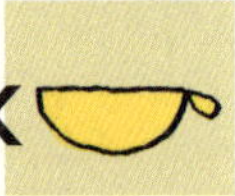

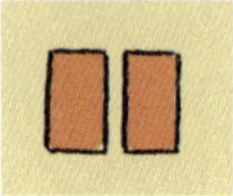

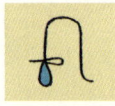

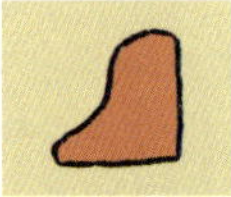

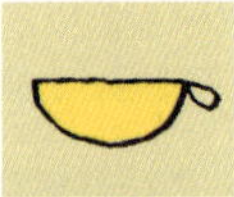

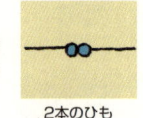

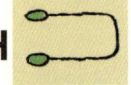

●古代の神々

エジプト神話には、最高神アメン＝ラーや、オシリスとイシスの物語など、多くの神々が登場する。ハヤブサの頭を持つラーやホルスなど動物の姿で描かれるものも多く、見る者を引きつける。ほかにも山犬の頭を持つ冥界の神アヌビスや、ネコの頭をもつ音楽の神バステト、牛の姿のホルスの妻ハトホルなどが有名だ。レリーフに彼らの姿を探してみよう。

アメン
آمون
アームーン
Amun

もともとはテーベの守護神だが、中王国以降エジプトの最高神とされる。

ラー
رع
ラア
Ra

太陽神。アメン神と一体化して、エジプトの最高神とされた。

ホルス ★
حورس
ホルス
Horus

天空と太陽の神でオシリスの息子。ファラオはこの神の化身とされた。

★ヒエログリフのほかに、より書きやすいデモティック（民間文字）などの文字も発達した

column｜エジプト人の死生観

死後の世界を信じていたエジプト人は、死者があの世にたどり着くことを願い、『死者の書』を遺体とともに葬った。この書によると、死者の魂はオシリス神の前に引き出され、生前に罪を犯さなかったかどうか質問される。このとき、彼の心臓と鳥の羽とが秤にかけられ、死者が真実を答えれば秤は釣り合うとされた。秤が釣り合った者のみが冥界に入れたのである。なお死者の魂は冥界とこの世を行き来するため、魂が戻る場所としてミイラを残しておかねばならなかった。そしてミイラを納めた棺に『死者の書』の文章がヒエログリフで書かれた。

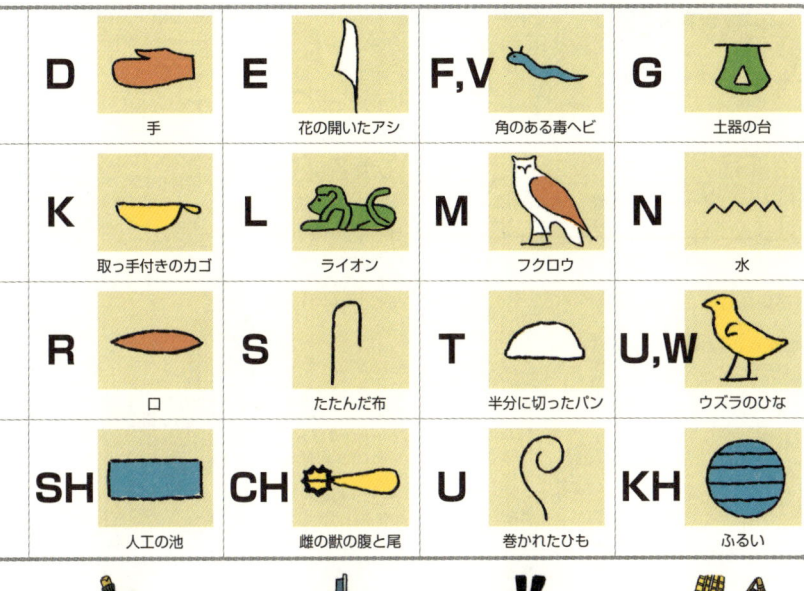

D 手	**E** 花の開いたアシ	**F,V** 角のある毒ヘビ	**G** 土器の台
K 取っ手付きのカゴ	**L** ライオン	**M** フクロウ	**N** 水
R 口	**S** たたんだ布	**T** 半分に切ったパン	**U,W** ウズラのひな
SH 人工の池	**CH** 雌の獣の腹と尾	**U** 巻かれたひも	**KH** ふるい

オシリス
أوزوريس
オゾリース
Osiris

生産の神であったが弟のセトに殺害され、冥界の王として復活した。

イシス
إيزيس
イーズィース
Isis

殺害された夫オシリスをミイラとして甦らせた。ホルスの母神。

セト
ست
セト
Seth

砂漠と嵐の神。兄オシリスを殺害するが、甥のホルスに敗れ去る。

ミン
مين
ミーン
Min

生殖と豊穣の神。黒い肌はナイルの肥沃な土壌を表している。

★エジプト航空のロゴマークは、天空の神ホルスの肖像をかたどったものである

エジプトの宗教を極めよう

يلاه نعرف أديان مصر
ヤッラ ネウラフ アドヤーン マスル
Learning about Egyptian Religion

エジプト人は宗教の話題が好き。特に人口の9割を占めるイスラーム教徒は、尋ねればいくらでもイスラームの解説をしてくれるだろう。ただし、彼らもこちらの宗教についてあれこれ尋ねてくるので心しよう。また、人口の残る1割はコプト派キリスト教徒であり、独自の宗教慣行をもっている。

あなたの信仰している宗教は何ですか？
دينك إيه؟
ディーナック エー↓
What is your religion?

私はイスラーム教徒です
أنا مسلم
アナ モスレム
I'm Muslim.

①五行
أركان الإسلام الخمسة
アルカーネル エスラーメル ハムサ
five pillars of Islam

イスラーム教には「六信五行」があり、信仰実践が重要であるとされる。六信とは、アッラー（神）、天使、啓典、預言者、終末と来世、定命（運命）を信じること。

信仰告白
الشهادة
エッシャハーダ
confession

「アッラーのほかに神なく、ムハンマドはアッラーの使徒である」と唱えること。

礼拝
الصلاة
エッサラ
salat

1日5回、メッカの方向へ礼拝すること。沐浴方法から礼拝時間まで作法は定められている。

喜捨
الزكاة
エッザカー
zakat

寄付行為を行うこと。もともとは財産税にあたり、貧民の救済のために使用されていた。

断食 ★
الصوم
エッソーム
fast

断食月（ラマダーン→P83欄外）に断食すること。日の出から日没まで一切の飲食を絶つ。

巡礼
الحج
エルハッグ
pilgrimage

巡礼月に定められた方法でメッカへ巡礼すること。一生に一度行えればよいとされる。

②モスクの内部
جوه المسجد
ゴウワル マスゲド
Inside the mosque

モスク（マスゲド）とはイスラーム教の礼拝堂のこと。金曜には大勢の信者が集まり集団礼拝を行うが、そのために用いられる大規模モスクをガーメウと呼ぶ

ミンバル
منبر
メンバル
minbar

説教壇のこと。集団礼拝ではイマーム（導師）が壇上で、説教を行う。エジプトでは木製のものが多い。

ミフラーブ
محراب
メフラーブ
mihrab

メッカの方向の壁にあるアーチ型のくぼみ。

ムカルナス
مقرنس
モアルナス
muqarnas

アーケードやアーチ下部にある蜂の巣状の装飾。

★断食は病人、妊婦、旅人、こどもなどは免除される。一日の断食明けの食事はエフタールと呼ばれ、ご馳走を食べる習慣がある

column | コプトとは？

コプトとはエジプトにおけるキリスト教の一派。エジプト人口の1割を占める。エジプトには幼いイエス・キリストが避難してきたとの伝承もあってキリスト教の伝統は古く、コプトたちは使徒マルコによる伝道以来の信仰を守っていると言われる。7世紀にイスラームが伝わった後も信仰を守り続けた彼らを、古代エジプト人の子孫と見なす向きもある。かつて彼らが用いていたコプト語は現在では典礼のみで用いる「死語」となり、外見上ではイスラーム教徒とほとんど見分けが付かないが、今も彼らはミサやクリスマスなど独自の慣行を守っており、エジプト社会の成員として重要な地位を担っている。

イコン
أيقونة
イクーナ、ウーナ
icon

イエスや聖者を描いた聖画像。

十字架
صليب
サリーブ
cross

コプトの十字架は末広がりになっているのが特徴。

---

③礼拝時間
أوقات الصلاة
アウアーテッ サラ
Prayer times

礼拝時間は夜明け、正午、午後、日没、夜半の1日5回で、各モスクから流れるアザーン（礼拝の時を告げる呼び声）で告知される。

ファジュル礼拝
صلاة الفجر
サラーテル ファグル
Fajr

ズフル礼拝
صلاة الظهر
サラーテッ ドフル
Zuhr

アスル礼拝
صلاة العصر
サラーテル アスル
Asr

マグリブ礼拝
صلاة المغرب
サラーテル マグレブ
Magrib

イシャー礼拝
صلاة العشاء
サラーテル エシャ
Ishaa

④服装
لبس
レブス
dress code

モスクを見学するときは、教会と同様、肌の露出はなるべく控える。また、女性は頭髪をスカーフで覆う。

男性信者
راجل مسلم
ラーゲル モスレム
male Muslim

女性信者
ست مسلمة
セット モスレマ
female Muslim

⑤身体を清める
وضوء
ウォドゥーッ
ablution

礼拝する前に、信者は必ず手や足を洗って体を清める。モスクの周囲にはそのための水道や泉がある。

★エジプトアラビア語では、仏教徒はブーズィ（女性はブーゼイヤ）、キリスト教徒はマスィーヒ（女性はマスィーヘイヤ）という

エジプトの舞踊、音楽を極めよう

يلاه نرقص ونسمع موسيقى مصرية
ヤッラ ネルオス ウ ネスマア ムスィーカ マスレイヤ
Let's enjoy Egyptian dance & music!

ホテルのショーやディナークルーズでは、ベリーダンスはもちろん、さまざまな民族舞踊が見られる。踊り専門のナイトクラブもあるが、旅行者には敷居が高い。また、音楽も古典から最新流行歌まで幅広いレパートリーがある。カセットやCDを買ってみれば、たちまちエジプト気分に浸れるだろう。

ここで上演されている舞踊はどれですか？

نوع الرقص المعروض هنا إيه؟
ノーエル ラッセル マアルード ヘナ エー↓
Which dance is this?

ベリーダンス
رقص شرقي
ラッス シャルイ
belly dance

現地の人はオリエンタルダンスと呼ぶ。その起源は古代エジプトに遡るとも、オスマン朝時代に流入したとも言われる。女性が肌を見せるため、大人の娯楽という位置づけであるが、売れっ子ダンサーのフィーフィー・アブドやディーナらの活躍のおかげで、近年ダンサーたちの地位は向上している。興味があれば、ダウンタウンのナイトクラブに深夜に行くといいだろう。

ステッキ — عصاية — アサーヤ — stick
ベール — إيشارب شيفون — イシャルブ シフォーン — scarf
シンバル — صاجات — サガート — finger symbals

タンヌーラ
تنورة
タンヌーラ
Sufi dance

スーフィズム（イスラーム神秘主義）の儀礼から発達した回転舞踊。

サイーディ
صعيدي
サイーディ
Saidi dance

上エジプト地方の舞踊。田舎風の衣装で、ステッキを使うこともある。

ミラーヤ
ملاية
メラーヤ
Malaya dance

アレキサンドリア発祥の舞踊。黒いベール（ミラーヤ）をまとって踊る。

★ラマダーン（断食月）中には、多くのホテルで有名歌手が出演するディナーショーが催される

●エジプトの伝統楽器

ウード（琵琶）
عود
ウード
lute

カーヌーン（琴）
قانون
アヌーン
Egyptian harp

ネイ（尺八）
ناي
ナーイ
ney

レク（タンバリン）
رق
レッグ
rig

バイオリン（弦楽器）
كمانجة
カマンガ
Egyptian violin

タブラ（太鼓）
طبلة
タブラ
tabla

エジプトの音楽について

伝統音楽は、5～6名の楽団による器楽演奏が一般的。古い歌謡曲（タラブ）ではオーケストラをバックに歌手が歌う形式が生まれる。近年は欧米ポップスの影響を受けた若者音楽（シャバービー）や、民謡的リズムの庶民派音楽（シャアビー）に人気がある。

一番人気の（女性）歌手は誰ですか？
مطرب عنده (مطربة عندها) أكتر شعبية مين؟
モトレブ アンド（モトレバ アンダハ）アクタル シャアベイヤ ミーン↓
Who is the most popular (female) singer?

音楽
موسيقى
ムスィーカ
music

歌
أغنية
オグネヤ
song

歌手
مطرب
モトレブ
singer

ウンム・クルスーム
أم كلثوم
オンム　コルスーム
Umm Kulthum

「東洋の星」と呼ばれたエジプト歌謡の第一人者。没後30年経った今も根強い人気をもつ。

アムル・ディヤーブ
عمرو دياب
アムル　ディヤーブ
Amr Diab

エジプトのみならず、アラブ世界のポップ音楽シーンを20年近く牽引するスーパースター。

ナンシー・アジュラム
نانسي عجرم
ナンスィ　アグラム
Nancy Ajram

レバノン出身ながらエジプトでも大人気のNo.1アイドル歌手。ルックスと歌唱力を兼ね備える。

ハキーム
حكيم
ハキーム
Hakim

庶民派音楽（シャアビー）の代表歌手。アップテンポの曲で、タクシー運転手から学生にまで幅広い人気。

★女性では歌唱力抜群のシーリーン、男性では甘い歌声のターメルなど、若手の台頭も目立つ

エジプト映画を極めよう

يلاه نعرف الأفلام المصرية
ヤッラ ネウラフェル アフラーメル マスレイヤ
Watching Egyptian Movies

○○の△時開始の券を□枚ください
إديني □ تذاكر ○○ من الساعة △، لو سمحت
エッディーニ □ タザーケル ○○ ミネッ サーア △ ラウ サマハティ
□ticket for the △ showing of ○○.

1階席にしますか？それとも2階席にしますか？
أرضي ولا بلكون؟
アルディ↑ ワッラ バラコーン↓
Orchestra seat or balcony seat?

アーディル・イマーム
عادل إمام
アーデル エマーム
Adel Emam

「テロとカバブ」など、風刺の効いたコメディ作品で知られるベテラン。自ら脚本も手がける。

オマー・シャリフ
عمر الشريف
オマレッ シャリーフ
Omar Sharif

エジプトを代表する国際スター。「アラビアのロレンス」などで知られるが、近年は国内での活躍も目立つ。

モハンマド・ヘネーディー
محمد هنيدي
モハンマド ヘネーディ
Mohamed Henedy

インパクトのある顔とマシンガントークで人気のコメディ俳優。「アメ大のサイーディー」が出世作。

ハナーン・トルク
حنان ترك
ハナーン トルク
Hanan Turk

若手随一の美人女優。最近ヘガーブをかぶると宣言し社会活動に専念するが、映画出演も続けている。

ひとくちコラム
エジプト映画の魅力
エジプト映画の醍醐味はずばりコメディ。しゃべり主体の掛け合いで延々と引っ張る作風は日本の新喜劇のよう。一方で風刺の効いた社会派コメディや、恋あり歌ありのラブコメもある。近年はハリウッドばりの派手なアクション映画やホラー映画まで作られている。2008年に巨匠ユーセフ・シャヒーン監督が亡くなったが、若手監督の層も厚く、中東きっての映画大国の座は揺るがない。

どんな映画が好きですか？
أي نوع من الأفلام بتحب؟
アイイ ノーウ メネル アフラーム ベトヘッブ↓
What is your favorite movie?

今、人気がある映画は何ですか？
إيه أكتر فيلم له شعبية دلوقتي؟
エー アクタル フィルム ロ シャアベイヤ デルワッティ↓
What is a good movie now showing?

★海外ものではジャッキー・チェン（→P124）も人気が高いが、なぜか「カラテ映画」と呼ばれている

映画館
سينما
スィニマ
movie

チケット売り場
شباك تذاكر
シェッバーク タザーケル
box office

1階席
أرضي
アルディ
orchestra seat

2階席
بلكون
バラコーン
balcony seat

ひとくちコラム
映画館での映画の見方
まずは窓口で見たい作品と開始時間を告げよう。チケットは当日券しかないが、座席は指定制なので、1階か2階か希望する席を予約せねばならない。中に入ると案内係が待っているので、座席番号の書いてあるチケットを渡して席を探してもらう。売り子が紅茶やジュースを売りに来るが、何も買わなくても構わない。あとは映画を見るだけ。笑ったり叫んだり拍手したり、エジプト人と一緒になって楽しもう。

モナ・ザキー
منى زكي
モナ ザキ
Mona Zakī

アイドル女優の筆頭。出る作品ごとに話題となり今や国民的スター。夫はコメディ俳優として人気

アハマド・ザキー
أحمد زكي
アハマド ザキ
Ahmad Zakī

作品ごとに容姿をがらりと変える演技派俳優。ナセル、サダトと政治家役が続いたが、2005年に他界。

アハマド・サアー
أحمد السقا
アハマデッ サッアー
Ahmed Salah

肉体派のイケメン俳優。鍛えたボディとニヒルな演技が若者に人気。コメディもこなす。

ハーニー・サラーマ
هاني سلامة
ハーニ サラーマ
Hany Salama

巨匠ユーセフ・シャヒーンに見出され、大作でデビューした若手の有望株。涙目の演技に注目。

エジプト映画
فيلم مصري
フィルム マスリ
Egyptian movie

ハリウッド映画
فيلم هوليود
フィルム ホリヨド
Hollywood movie

使える！ワードバンク 〔映画編〕

日本語	アラビア語	読み
コメディ	كوميديا	コミディヤ
アクション	أكشن	アクション
文芸	ثقافة	サカーファ
アニメ	كارتون	カルトーン
監督	مخرج	モフレグ
俳優	ممثل	モマッセル
女優	ممثلة	モマッセラ

★チュニジア人のヒンド・サブリ、ラブコメのヤスミン・アブドルアズィーズなど美人女優も多い

暦、祭り、季節

التقويم والاعياد والمواسم
エッタックウィーム ウェル アアヤード ウェル マワーセム
Calendar, Festivals, Seasons

祝日のお祝いを申し上げます
عيد مبارك.
イード モバーラク
Have a good holiday!

(お誕生日) おめでとうございます ★
كل سنة وأنتم طيبين.
コッル サナ ウエント タイエビーン
Happy Birthday

ひとくちコラム
戦争にまつわる祝日が多い?
革命記念日と軍隊記念日を筆頭に、エジプトの休日は革命や戦争等の出来事で彩られている。現代エジプトの歩んできた苦難の道のりを象徴している。

コプト教クリスマス (1月7日)
عيد الميلاد المجيد
イーデル ミラーデル マギード
Christmas

戦勝記念日 (12月23日)
عيد النصر
イーデン ナスル
Victory Day

スエズ記念日 (10月24日)
عيد مدينة السويس
イード マディーネテッ スウェース
Suez Victory Day

軍隊記念日 (10月6日)
عيد القوات المسلحة (ستة أكتوبر)
イーデル コウワーテル モサッラハ(セッタ オクトーベル)
National Day

1973年の第4次中東戦争(10月戦争)開戦を記念する日。この戦争の結果エジプトはイスラエルからシナイ半島を奪還した。イーデンナスル(戦勝記念日)とも呼ばれる。

1月 يناير ヤナーイェル January	**2月** فبراير フェブラーイェル February
12月 ديسمبر デセムベル December	**冬** شتاء シェタ winter
11月 نوفمبر ノヴェムベル November	**秋** خريف ハリーフ fall
10月 أكتوبر オクトーベル October	**9月** سبتمبر セブテムベル September

イスラムの祝日

イスラーム教徒はムハンマドのメディナ移住を元年とするヒジュラ暦(ヘグリ)を、西暦(ミラーディ)と併用している。この暦は1年を354日とするため、毎年11日ずつ早まり、季節とは対応しない。宗教に関わる祝日はこの暦に基づいて行われる。

ビジュラ暦新年
رأس السنة الهجرية
ラーセッ サナル ヘグレイヤ
Ras as-Sana

ムハッラム(第1月)の1日は休日となるが、特別な祭りは行われない。

ムハンマド生誕祭
مولد النبي
ムーリデン ナビ
Moulid an-Nabi

第3月12日に預言者ムハンマドの生誕を祝い、砂糖人形を贈り合う。

★「コッル サナ ウエント タイエビーン」はお誕生日以外にも、毎年(西暦、ヒジュラ暦とも)同じ日に来る祭日に使える表現

結婚式
فرح
ファラハ
wedding ceremony

お幸せに
ألف مبروك.
アルフ マブルーク
Congratulations!

ひとくちコラム
エジプトの結婚式
ラッパや太鼓を打ち鳴らして新郎新婦が練り歩くザッファから始まり、ベリーダンサーや歌手まで登場してとにかく賑やか。飛び入りは常に大歓迎だ。

祭日
أعياد
アアヤード
holidays

休暇
أجازة
アガーザ
vacation

シャンム・ネスィーム
شم النسيم
シャンメン ネスィーム
Shaman-Nessim

「風の香り」を意味し、春の訪れを祝う祭。コプト教イースター直後の月曜日になる。

シナイ記念日 (4月25日)
عيد تحرير سينا
イード タハリール スィーナ
Sinai Liberation Day

3月
مارس
マーレス
March

4月
إبريل
エブリール
April

メーデー (5月1日)
عيد العمال
イーデル オンマール
Labour Day

春
ربيع
ラビーウ
spring

5月
مايو
マーユ
May

解放および撤退記念日 (6月18日)
عيد الجلاء
イーデル ガラーッ
Evacuation Day

夏
صيف
セーフ
summer

6月
يونيو
ユーニュ
June

革命記念日 (7月23日)
ثورة ٢٣ يوليو
サウレト タラータ ウ エシュリーン ユーリュ
Revolution Day

1952年ナセル率いる自由将校団による、王制打倒のクーデターを記念したもの。共和国時代の幕開けとなる事件であり、今も盛大に祝われる。

8月
أغسطس
オゴストス
August

7月
يوليو
ユーリュ
July

断食明け祭
عيد الفطر
イーデル フェトル
Eid al-Fitr

断食月であるラマダーン★が明けた第10月のはじめにあたり、小祭（イード・ソガイヤル）とも呼ばれる。3日間の休日となり親族や友人を訪ね合う習わし。

犠牲祭
عيد الأضحى
イーデル アドハ
Eid al-Adha

巡礼月（第12月）の10日、巡礼者は動物犠牲を捧げるが、各家庭でも羊や牛を屠って祝う。大祭（イード・ケビール）とも呼ばれ、4日間の休日となる。

★ヒジュラ暦第9月をラマダーン（رمضان）といい、この1カ月間の日中、イスラーム教徒は断食する

伝えよう

イスラーム圏では万国共通の「インシャーアッラー」。ただし、エジプトではいろんなニュアンスに?!

エジプトのインシャーアッラー

イスラーム教においては、未来は人間の決めることではなく神の御心次第、うまくいくこともあればいかないこともあると考えられているので、未来の話をするときは必ず、「インシャーアッラー（もしアッラーが望むなら）」と付け加えます

しかし、エジプト人は、明らかに確実なことも、「インシャーアッラー」というので、少々ややこしい

大家

来月の家賃10日までに払ってね インシャーアッラー

もちろん大家は「インシャーアッラー」と言いつつ…

絶対払え！

アッラーが望まないかもしれないし、こっちのお金の都合がつかないかもしれない

ちょっと遅れてもいいかな？

タクシーで運転手に行き先を告げると インシャーアッラー え	これは、「たどり着けるかどうかわかりません」ではなく、「分かりました」ということです だよね
某クイズ番組でも… ファイナルアンサーですか？	インシャーアッラー！ エジプト人回答者 自信満々

司会者がレバノン人だったのでビミョーな空気が流れていました

………

その使い方変じゃない？

数字

الأعداد
エル アアダード
Numbers

0	٠	صفر セフル zero	
1	١	واحد ワーヘド one	👁
2	٢	اتنين エトネーン two	👁 👁
3	٣	تلاتة タラータ three	👁 👁 👁
4	٤	أربعة アルバア four	👁 👁 👁 👁
5	٥	خمسة ハムサ five	👁 👁 👁 👁 👁
6	٦	ستة セッタ six	👁 👁 👁 👁 👁 👁
7	٧	سبعة サブア seven	👁 👁 👁 👁 👁 👁 👁
8	٨	تمانية タマネヤ eight	👁 👁 👁 👁 👁 👁 👁 👁
9	٩	تسعة テスア nine	👁 👁 👁 👁 👁 👁 👁 👁 👁

0.1	عشر オシュル Zero point one	
百	مية メイヤ one hundred	
五百	خمسمية ホムソメイヤ five hundred	
千	ألف アルフ one thousand	
万	عشرة آلاف アシャルターラーフ ten thousand	
10万	مية ألف ミート アルフ one hundred thousand	
100万	مليون メルユーン one million	
億	مية مليون ミート メルユーン one hundred million	

★アラビア文字の数字は、一般にアラビア数字と呼ぶ算用数字とは異なる。ゼロが点で丸は5。また、数字だけはアラビア文字とは反対に、左から右に向かって書かれる

10 ١٠ عشرة アシャラ ten	**20** ٢٠ عشرين エシュリーン twenty	何番目？ النمرة كام؟ エンネムラ カーム↓ Which one?
11 ١١ حداشر ヘダーシャル eleven	**30** ٣٠ ثلاثين タラティーン thirty	1番目 الأولى / الأول エルアウワル/(女) エルウーラ first
12 ١٢ اتناشر エトナーシャル twelve	**40** ٤٠ أربعين アルバイーン forty	2番目 الثانية / الثاني エッターニ/(女) エッタニヤ second
13 ١٣ تلاتاشر タラッターシャル thirteen	**50** ٥٠ خمسين ハムスィーン fifty	3番目 الثالثة / الثالث エッタールト/(女) エッタルタ third
14 ١٤ أربعتاشر アルバアターシャル fourteen	**60** ٦٠ ستين セッティーン sixty	足す(+) زائد ザーエド add(plus)
15 ١٥ خمستاشر ハマスターシャル fifteen	**2倍** ضعف デウフ twice	引く(−) ناقص ナーエス subtract(minus)
16 ١٦ ستاشر セッターシャル sixteen	**3倍** تلات أضعاف タラット アドアーフ three times	掛ける(×) في フィ multiply(multiplied by)
17 ١٧ سبعتاشر サブアターシャル seventeen	**2分の1** ١/٢ نص ノッス half	割る(÷) على アラ divide(divided by)
18 ١٨ ثمنتاشر タマンターシャル eighteen	**3分の1** ١/٣ تلت テルト one third	**ひとくちコラム** 分数、パーセントの表記方法 分数は数字の子音だけで発音する。3が タラータで3分の1はテルト、4がア ルバアで4分の1がロブウ、といった具 合。また、%は ٪ という記号で表され、 フィルメイヤ في المية と読まれる。 100%（٪١٠٠）なら、メイヤ フィル メイヤ、あるいは、メイヤメイヤ。こ れは「完璧だね！」という意味でも使 われる。
19 ١٩ تسعتاشر テスアターシャル nineteen	**4分の1** ١/٤ ربع ロブウ one quarter	

時間

الوقت
エルワット
Time

いま何時ですか？
الساعة كام ديلوقتي؟
エッサーア カーム ディルワッティ↓
What time is it?

どれくらい時間がかかりますか？
ياخذ وقت قد إيه؟
ヤーホド ワアト アッド エー↓
How long does it take?

ここに10時に集合です
تعالوا هنا الساعة عشرة.
タアール ヘナァ サーア アシャラ↓
We are meeting here at 10.

日の出	早朝	午前（朝）	正午
الشروق	الصبح البدري	الصبح	الضهر
エッシュルーッ	エッソブヘル バドリ	エッソブフ	エッドフル
sunrise	early in the morning	morning	noon

1時 الساعة واحدة エッサーア ワハダ 1am
3時 الساعة ثلاثة エッサーア タラータ 3am
5時 الساعة الخمسة エッサーア ハムサ 5am
7時 الساعة سبعة エッサーア サブア 7am
9時 الساعة تسعة エッサーア テスア 9am
11時 الساعة حداشر エッサーア ヘダーシャル 11am

0時 1時 2時 3時 4時 5時 6時 7時 8時 9時 10時 11時 12時

2時 الساعة اتنين エッサーア トネーン 2am
4時 الساعة أربعة エッサーア アルバア 4am
6時 الساعة ستة エッサーア セッタ 6am
8時 الساعة ثمانية エッサーア タマニヤ 8am
10時 الساعة عشرة エッサーア アシャラ 10am
12時 الساعة اتناشر エッサーア トナーシャル 12am

就寝 النوم エンノーム go to bed
起床 الصحيان サハヤーン get up
礼拝 الصلاة エッサラ worship
朝食 الفطار エルフェタール breakfast
出勤 حضور الشغل ホドゥーリッショグル go to work

6時に起こしてください
صحني الساعة ستة
セッヘニー サーア セッタ
Please wake me up at 6 am.

何時に着きますか？
حنوصل الساعة كام إن شاء الله؟
ハネウサレッ サーア カーム インシャーアッラー↓
What time will we arrive?

あとどのくらいで着きますか？
فاضل قد إيه؟
ファーデル アッド エー↓
How long does it take to our destination?

1時間後に会いましょう
أشوفك بعد ساعة
アシューファック バアデ サーア
I'll meet you in 1 hour.

88　★分詞を使って時間の表現ができる。1/2（نص ノッス）=30分、1/3（تلت テルト）=20分、1/4（ربع ロブウ）=15分。例えば、2時20分は（الساعة اتنين وتلت　エッサーア トネーン ウ テルト）

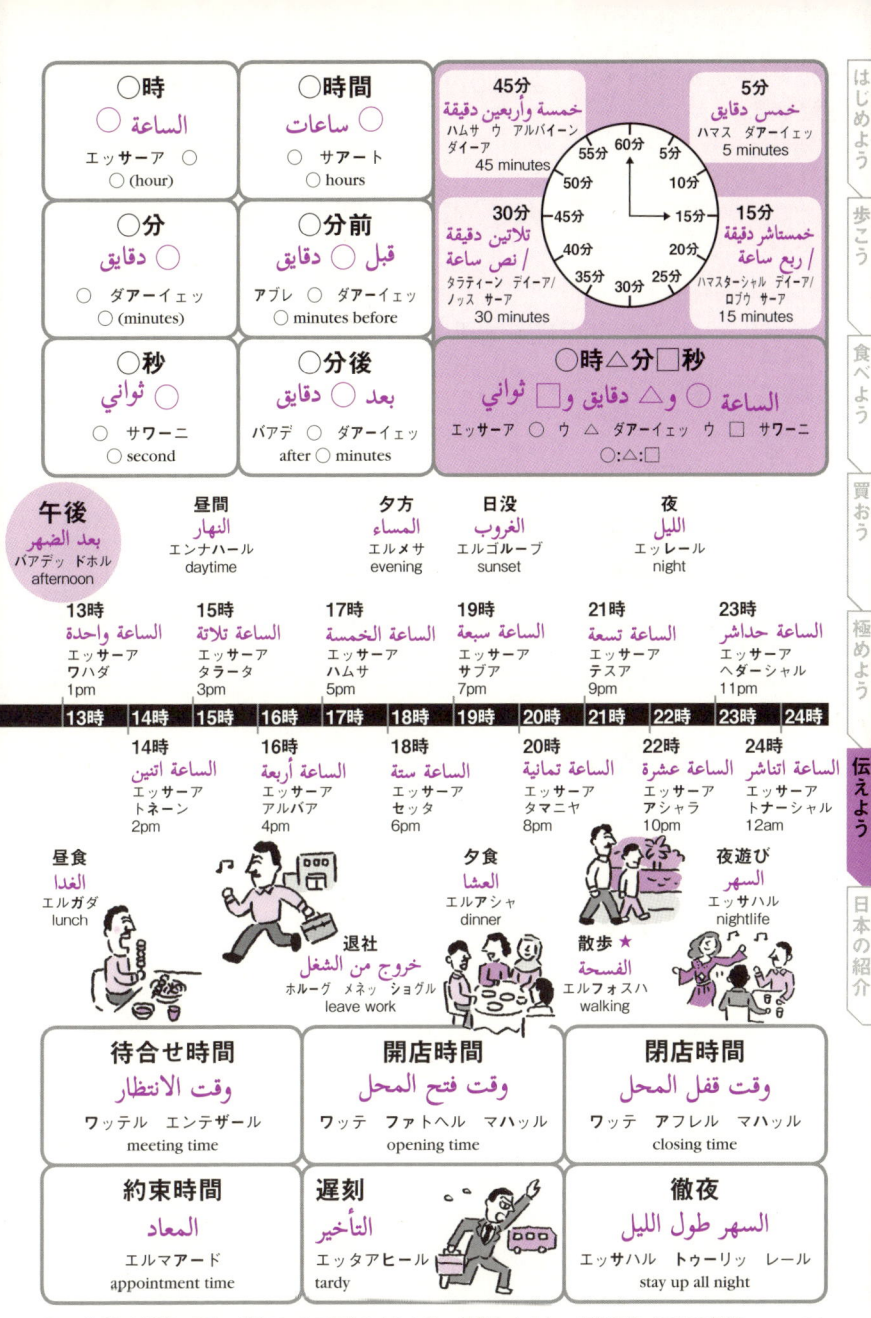

○時	○時間	45分	5分
الساعة ○	○ ساعات	خمسة وأربعين دقيقة	خمس دقايق
エッサーア ○	○ サアート	ハムサ ウ アルバイーン ダイーア	ハマス ダアーイェッ
○ (hour)	○ hours	45 minutes	5 minutes

45分 — 60分 — 5分
50分 — 10分
—45分 → 15分—
40分 — 20分
35分 — 30分 — 25分

○分	○分前	30分	15分
○ دقايق	قبل ○ دقايق	تلاتين دقيقة / نص ساعة	خمستاشر دقيقة / ربع ساعة
○ ダアーイェッ	アブレ ○ ダアーイェッ	タラティーン ディーア / ノッス サーア	ハマスターシャル ディーア / ロブウ サーア
○ (minutes)	○ minutes before	30 minutes	15 minutes

○秒	○分後	○時△分□秒
○ ثواني	بعد ○ دقايق	الساعة ○ و △ دقايق و □ ثواني
○ サワーニ	バアデ ○ ダアーイェッ	エッサーア ○ ウ △ ダアーイェッ ウ □ サワーニ
○ second	after ○ minutes	○:△:□

午後	昼間	夕方	日没	夜
بعد الضهر	النهار	المساء	الغروب	الليل
バアデッド ドホル	エンナハール	エルメサ	エルゴルーブ	エッレール
afternoon	daytime	evening	sunset	night

13時	15時	17時	19時	21時	23時
الساعة واحدة	الساعة تلاتة	الساعة الخمسة	الساعة سبعة	الساعة تسعة	الساعة حداشر
エッサーア ワハダ	エッサーア タラータ	エッサーア ハムサ	エッサーア サブア	エッサーア テスア	エッサーア ヘダーシャル
1pm	3pm	5pm	7pm	9pm	11pm

|13時|14時|15時|16時|17時|18時|19時|20時|21時|22時|23時|24時|

14時	16時	18時	20時	22時	24時
الساعة اتنين	الساعة أربعة	الساعة ستة	الساعة تمانية	الساعة عشرة	الساعة اتناشر
エッサーア トネーン	エッサーア アルバア	エッサーア セッタ	エッサーア タマニヤ	エッサーア アシャラ	エッサーア トナーシャル
2pm	4pm	6pm	8pm	10pm	12am

昼食		夕食		夜遊び
الغدا		العشا		السهر
エルガダ		エルアシャ		エッサハル
lunch		dinner		nightlife

	退社		散歩 ★	
	خروج من الشغل		الفسحة	
	ホルーグ メネッ ショグル		エルフォスハ	
	leave work		walking	

待合せ時間	開店時間	閉店時間
وقت الانتظار	وقت فتح المحل	وقت قفل المحل
ワッテル エンテザール	ワッテ ファトヘル マハッル	ワッテ アフレル マハッル
meeting time	opening time	closing time

約束時間	遅刻	徹夜
المعاد	التأخير	السهر طول الليل
エルマアード	エッタアヒール	エッサハル トゥーリッ レール
appointment time	tardy	stay up all night

★エジプト人は宵っ張り。特にカイロ在住の人たちは、子供も大人も、夕飯を食べてから散歩、夜遊びに、広場やナイル川の岸辺へと繰り出す人が多い。就寝は0時を回ることが多い

年、月、日、曜日

سنة، شهر، يوم، يوم في الأسبوع
サナ　シャハル　ヨーム　フィル　オスブーウ
Years, Months, Dates, Days

いつエジプトに来ましたか?
جيت لمصر إمتى؟
ゲート　レマスル　エムタ↓
When did you come to Egypt?

4月1日です
واحد إبريل
ワーヘド　エブリール
April the first.

月曜日です
يوم الإتنين
ヨーメル　エトネーン
On Monday.

いつまで滞在しますか?
لغاية إمتى حتقعد هنا؟
レガーイェト　エムタ　ハトオオド　ヘナ↓
How long will you stay?

1月	7月	月曜日
يناير ヤナーイェル January	يوليو ユーリユ July	يوم الاتنين ヨーメル　エトネーン Monday

2月	8月	火曜日
فبراير フェブラーイェル February	أغسطس オゴストス August	يوم التلات ヨーメッ　タラート Tuesday

3月	9月	水曜日
مارس マーレス March	سبتمبر セブテンベル September	يوم الأربع ヨーメル　アルバア Wednesday

4月	10月	木曜日
إبريل エブリール April	أكتوبر オクトーベル October	يوم الخميس ヨーメル　ハミース Thursday

5月	11月	金曜日
مايو マーユ May	نوفمبر ノヴェムベル November	يوم الجمعة ヨーメッ　ゴムア Friday

6月	12月	土曜日
يونيو ユーニユ June	ديسمبر デセンベル December	يوم السبت ヨーメッ　サブト Saturday

		日曜日
		يوم الحد ヨーメル　ハッド Sunday

1	2	3	4	5	6	7	8	9	10	11	12	13	14	15
١	٢	٣	٤	٥	٦	٧	٨	٩	١٠	١١	١٢	١٣	١٤	١٥

★エジプトアラビア語で日付を伝えるときは日、月、年の順に言う

○日前	○カ月前	○年前
قبل ○ أيام	قبل ○ شهور	قبل ○ سنين
アブレ ○ アイヤーム	アブレ ○ トシュホル	アブレ ○ セニーン
○ days ago	○ months ago	○ years ago
きのう	**先月**	**去年**
إمبارح	الشهر اللي فات	السنة اللي فاتت
エムバーレフ	エッシャハル エッリ ファート	エッサナ エッリ ファーテト
yesterday	last month	last year
きょう	**今月**	**今年**
النهارده	الشهر ده	السنة دي
エンナハルダ	エッシャハル ダ	エッサナーディ
today	this month	this year
あした	**来月**	**来年**
بكرة	الشهر اللي جاي	السنة اللي جاية
ボクラ	エッシャハル エッリ ガイ	エッサナ エッリ ガイヤ
tomorrow	next month	next year
○日後	○カ月後	○年後
بعد ○ أيام	بعد ○ شهور	بعد ○ سنين
バアデ ○ アイヤーム	バアデ ○ トシュホル	バアデ ○ セニーン
in ○ days	in ○ months	in ○ years

どれくらい

何日間？	何週間？	何カ月間？	何年間？
لمدة كام يوم؟	لمدة كام أسبوع؟	لمدة كام شهر؟	لمدة كام سنة؟
レモッデト カム ヨーム↓	レモッデト カム オスブーウ↓	レモッデト カム シャハル↓	レモッデト カム サナ↓
For how many days?	For how many weeks?	For how many months?	For how many years?
▼	▼	▼	▼
○日間	○週間	○カ月間	○年間
لمدة ○ أيام	لمدة ○ أسابيع	لمدة ○ شهور	لمدة ○ سنين
レモッデト ○ アイヤーム	レモッデト ○ アサビーウ	レモッデト ○ トシュホル	レモッデト ○ セニーン
For ○ days.	For ○ weeks.	For ○ months.	For ○ years.

いつ

何日？	何月？	何曜日？
يوم كام؟	أي شهر؟	أي يوم في الأسبوع؟
ヨーム カーム↓	アイイ シャハル↓	アイイ ヨーム フィルオスブーウ↓
What's today's date?	What month?	What day is it today?
○日	○月 ➡P90（月）	○曜日 ➡P90（曜日）
يوم ○	شهر ○	يوم الـ..
ヨーム ○	シャハル ○	ヨーメ（ル）○
The ○.	○.	○ day.

ひとくちコラム

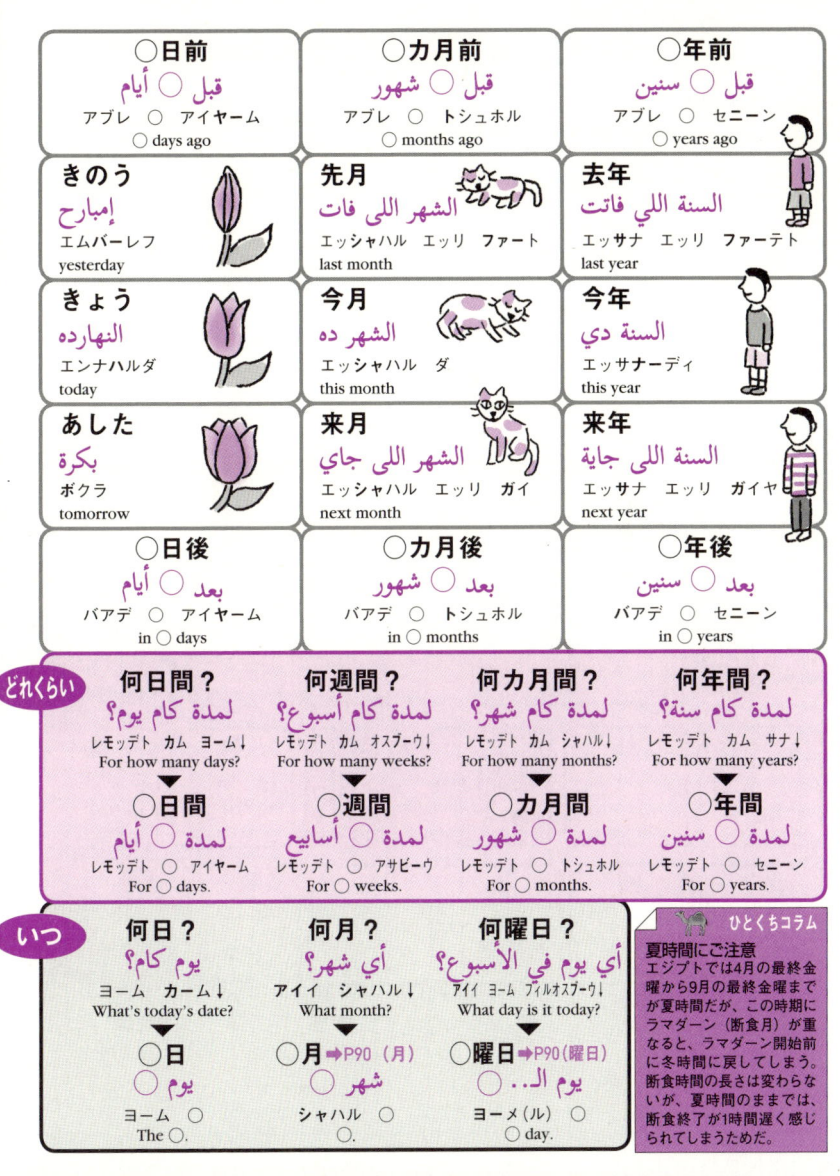

夏時間にご注意
エジプトでは4月の最終金曜から9月の最終金曜までが夏時間だが、この時期にラマダーン（断食月）が重なると、ラマダーン開始前に冬時間に戻してしまう。断食時間の長さは変わらないが、夏時間のままでは、断食終了が1時間遅く感じられてしまうためだ。

16	17	18	19	20	21	22	23	24	25	26	27	28	29	30	31
١٦	١٧	١٨	١٩	٢٠	٢١	٢٢	٢٣	٢٤	٢٥	٢٦	٢٧	٢٨	٢٩	٣٠	٣١

家族、友だち、人の性格

الأسرة، الأصحاب، الشخصية
エル オスラ エル アスハーブ
エッ シャハセイヤ
Family, friends, personality

あなたは何人家族ですか？
كم شخص في أسرتك؟
カム シャハス フィ オスラテック↓
How many members do you have in your family?

○人です
○ أشخاص
○ アシュハース
○ persons.

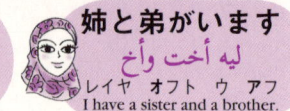

姉と弟がいます
ليه أخت وأخ
レイヤ オフト ウ アフ
I have a sister and a brother.

祖父 (父方)	祖母 (父方)	私の家族	祖父 (母方)	祖母 (母方)
جد	جدة	أسرتي	جد	جدة
ゲッド	ゲッダ	オスレティ	ゲッド	ゲッダ
paternal grandfather	paternal grandmother	my family	maternal grandfather	maternal grandmother

伯父、叔父 (父方)	伯母、叔母 (父方)	伯父、叔父 (母方)	伯母、叔母 (母方)
عم	عمة	خال	خالة
アンム	アンマ	ハール	ハーラ
paternal uncle	paternal aunt	maternal uncle	maternal aunt

父	母
أب	أم
アブ	オンム
father	mother

兄	姉	私 (男性)	私 (女性)	弟	妹
أخ أكبر مني	أخت أكبر مني	أنا	أنا	أخ أصغر مني	أخت أصغر مني
アフ アクバル メンニ	オフト アクバル メン ニ	アナ	アナ	アフ アスガル メン ニ	オフト アスガル メン ニ
elder brother	elder sister	I	I	younger brother	younger sister

息子	娘	妻	夫	夫婦
ابن	بنت	زوجة	زوج	زوجين
イブン	ビント	ゾーガ	ゾーグ	ゾゲーン
son	daughter	wife	husband	married couple

婿	嫁	家族	親戚
زوج بنت	زوج ابن	أسرة / عيلة	قرايب
ゾーグ ビント	ゾーグ イブン	エーラ / オスラ	アラーイェブ
son-in-law	daughter-in-law	family	relatives

義父	義母	孫 (男)	孫 (女)
حم	حماة	حفيد	حفيدة
ハム	ハマ	ハフィード	ハフィーダ
father-in-law	mother-in-law	grandson	granddaughter

友だち
صاحب
サーヘブ
friend

恋人
حبيب
ハビーブ
lover

同僚
زميل
ゼミール
co-worker

親友
صاحبي قوي
サハビ アウィ
best friend

婚約者
خطيبة / خطيب
ハティーブ/（女）ハティーバ
fiance / fiancee

隣人
جار
ガール
neighbour

あなたは○○な人ですね
إنت ○○
エンタ ○○ /（女）エンティ ○○
You are a ○○ person.

ひとくちコラム
エジプト人の性格
エジプト人には、アーテフィ（عاطفي）という語がある。直訳すれば「感情的な」だが、感情豊かな、細やかなといったよい意味合いをもつ単語だ。

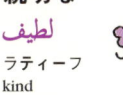

親切な
لطيف
ラティーフ
kind

明るい ★
دم خفيف
ダンム ハフィーフ
cheerful

賢い
شاطر
シャーテル
clever / wise

使える！ワードバンク 〈人の性格編〉

日本語	アラビア語	読み
無口な	ساكت	サーケト
物静かな	هادي	ハーディ
恥かしがりやな	خجول	ホグール
腰の低い、控え目な	متواضع	メトワーデゥ
気前のいい	كريم	カリーム
ケチな	بخيل	バヒール
頑固な	دماغ ناشفة	デマーグ ナシュファ
忘れっぽい	نساي	ナッサーイ
行動的な	نشيط	ナシート
勇気のある	شجاع	ショガーウ
嫉妬深い	غيران	ガイラーン

●人の性格を表す単語

優しい لطيف ラティーフ nice

なまけものの كسلان カスラーン lazy

おしゃべりな رغاي ラッガーイ chatty

誇り高い فخور ファフール proud

怒りっぽい غضبان ガドバーン angry

まじめな جد ガッド serious

★「血が軽い」の意。逆に血が重い（ダンム テイール）は陰気で退屈、イライラさせられる人のこと

趣味、職業

الهوايات والمهن
エル ヘワヤート ウェル メハン
Hobbies, Occupations

あなたの趣味は何ですか？
هوايتك إيه؟
ヘワーヤテック エー↑
What do you do in your free time?

旅行です
عمل الرحلات
アマレッ レヘラート
I like traveling.

音楽鑑賞 الاستماع للموسيقى エル エステマーウ レル ムスィーカ listening to music	**映画鑑賞** مشاهدة الأفلام モシャーハダテル アフラーム watching films	**読書** قراية الكتب エラーイェティッコトブ reading books 
ショッピング عمل المشتروات アマレル モシュタラワート shopping 	**ガーデニング** البستنة エル バスタナ gardening 	**散歩** التمشية エッ タムシェイヤ walking 
サッカー كرة القدم コラテル アダム playing football 	**ゴルフ** غولف ゴルフ playing golf 	**卓球** بينج بونج ペングポング playing table tennis 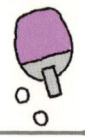
スポーツ観戦 مشاهدة البرامج الرياضية モシャーハダテル バラーメグッ レヤーデイヤ watching sports	**料理** الطبخ エッ タブフ cooking 	**写真** التصوير エッ タスウィール taking photographs 

私はアラビア語を学んでいます
بأدرس العربي
バドレセル アラビ
I am studying Arabic.

		考古学 علم الآثار القديمة エルメル アサーレル アディーマ archaeology	
医学 الطب ッ テップ medicine	**芸術** الفنون ル フォヌーン art 	**哲学** الفلسفة ル ファルサファ philosophy 	**法学** الحقوق ル ホウーウ law 
政治学 العلوم السياسية ル オルーメッ セヤーセイヤ politics	**経済学** الاقتصاد ル エクテサード economy	**工学** الهندسة ル ハンダサ engineering	**コンピューター** الكمبيوتر ッ コンピュータル computer

お仕事は何ですか？
شغلك إيه؟
ショゴラック エー↓
What do you do for a living?

銀行員です
أنا موظف بنك
アナ モワッザフ バンク
I'm a <u>bank teller</u>.

教師 / مدرس / モダッレス / teacher

弁護士 / محامي / モハーミ / lawyer

会計士 / محاسب / モハーセブ / accountant

新聞記者 / صحفي / サハフィ / journalist

運転手 / سواق / サウワーッ / driver

床屋 / كوافير / カワフェール / hair dresser

調理師 / طباخ / タッバーフ / chef

ウエイトレス／ウエイター / جرسونة / جرسون / ガルソーナ／ガルソーン / waitress / waiter

医師 / دكتور / ドクトール / doctor

看護婦 / ممرضة / モマッレダ / nurse

秘書 / سكرتيرة / セクレテーラ / secretary

販売員 / بياع / バイヤーウ / salesperson

警備員 / حارس / ハーレス / security guard

私は○○業界で働いています
بأشتغل في صناعة ○○
バシュタガル フィ セナーアト ○○
I work in the ○○ industry.

金融 / ماليات / マーレイヤート / financial

IT / تكنولوجيا المعلومات / テクノロジヤル マアルマート / IT

アパレル / الملابس / ル マラーベス / apparel

マスコミ / الصحافة / ッ サハーファ / media

食品 / منتجات غذائية / モンタガート ガザーエイヤ / food products

製造 / منتجات صناعية / モンタガート セナーエイヤ / manufacturing

使える！ワードバンク　職業編

日本語	アラビア語	読み
農民	فلاح	ファッラーハ
漁師	صياد	サイヤード
エンジニア	مهندس	モハンデス
画家	رسام	ラッサーム
ミュージシャン	فنان	ファンナーン
スポーツ選手	لاعب	ラーエブ
通訳	مترجم	モタルゲム
警察官	شرطي	ショルティ
軍人	ظابط	ザーベト
雑貨商	بقال	バッアール
公務員	موظف حكومة	モワッザフ ホコーマ
門番	بواب	バウワーブ

自然、動植物とふれあおう

الطبيعة صديقتنا
エッタビーア サディーエトナ
Getting in touch with nature

いいお天気ですね
الجو جميل.
エッガウウ　ガミール
Nice weather, isn't it?

気温は何度くらいですか？
درجة الحرارة كام؟
ダラゲテッ　ハラーラ　カーム↓
I wonder what the temperature is.

● 砂漠　صحرا　サハラ　desert

ナツメヤシの木 نخلة ナハラ palm tree
オアシス واحة ワーハ oasis
泉 عين アイン spring
太陽 الشمس エッシャムス sun
空 السما エッサマ sky
鳥 طائر ターエル bird

サソリ عقرب アクラブ scorpion
ナツメヤシの実 بلح バラハ date palm
馬 حصان ヘサーン horse
砂 رمل ラムル sand
キツネ تعلب タアラブ fox
マングース نمس ネムス Egyptian mongoose

● ナイル川　النيل　エンニール　Nile River

虹 قوس قزح オス　オザフ rainbow
島 جزيرة ゲズィーラ island

アカシア سنط サント acacia
ヘビ تعبان テエバーン snake
船 سفينة サフィーナ ship
魚 سمك サマク fish
川 نهر ナハル river

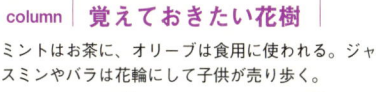

晴れ	曇り	雨降り	砂嵐
مشمس	مغيم	ممطر	خماسين
モシュメス	メガイイェム	メマッタル	ハマスィーン
clear weather	cloudy	rainy	sand storm

暑い	暖かい	涼しい	寒い
حر	دافي	طراوة	بارد
ハッル	ダーフィ	タラーワ	バーリド
hot	warm	cool	cold

ラクダ
جمل
ガマル
camel

雲
السحاب
エッ サハーブ
cloud

column | 覚えておきたい花樹

ミントはお茶に、オリーブは食用に使われる。ジャスミンやバラは花輪にして子供が売り歩く。

ジャスミン
ياسمين
ヤスミーン
jasmine

バラ
ورد
ワルド
rose

岩
صخر
サハル
rock

ハイエナ
ضبع
ダッブウ
striped hyena

オリーブ
زتون
ザトゥーン
olive

ミント
نعناع
ナアナーア
mint

風
هوا
ハワ
wind

河畔の川床
كازينو
カズィノ
riverbed

使える！ワードバンク 自然編

花	زهر	ザハル
木	شجرة	シャジャラ
海	بحر	バハル
イヌ	كلب	カルブ
ネコ	قطة	オッタ
クマ	دب	デッブ
サル	قرد	イルド
トラ	نمر	ニムル
ネズミ	فار	ファール
ライオン	أسد	アサド
ロバ	حمار	ホマール
ブタ	خنزير	ハンズィール

水鳥
طائر مائي
ターイェル マーイ
moorhen

パピルス
بردي
バルディ
papyrus

★大河ナイルをエジプト人はバハル（海）と呼ぶ。日没の頃から、夕涼みにナイル川に赴く人も多い

訪問しよう

يالاه نزور بيوت أصحابنا
ヤッラ ネズール ボユート アスハブナ
Visiting Homes

我が家にご招待したいのですが
عاوز أعزمكم لبيتي .
アーウェズ アアズムコ レ ベイティ
I'd like to invite you to our house.

ありがとう。喜んでうかがいます
شكرا, أزوركم بكل سرور .
ショクラン アズーロコ ベコッレ ソルール
Thank you. I would love to come.

残念ながら先約があり、行けません
معلش، عندي ميعاد تاني .
マアレッシュ アンディ マアード ターニ
Sorry, I have other plans.

お招きいただきありがとう
شكرا على دعوتك .
ショクラン アラ ダウウェタック
Thank you for inviting me.

すてきなお宅ですね
ما شاء الله، بيتك جميل .
マ シャーアッラー ベータック ガミール
You have a wonderful house.

日本のおみやげです
دي هدية من اليابان .
ディ ヘデイヤ メネル ヤバーン
This is a gift from Japan.

お手伝いしましょう
أساعدك .
アサアデック
Can I give you a hand?

●部屋の内部

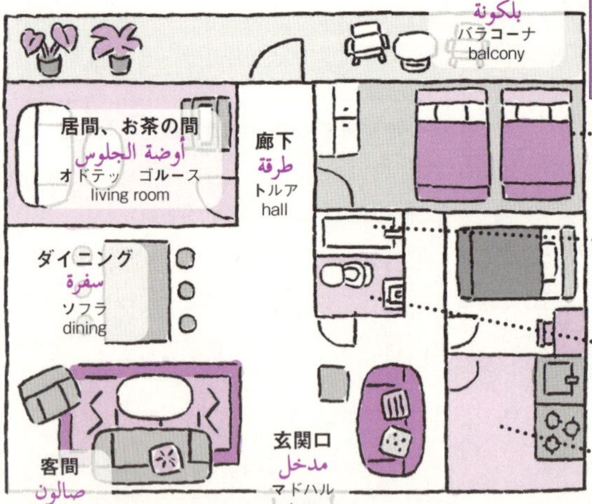

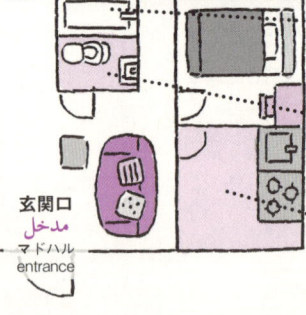

- バルコニー / بلكونة / バラコーナ / balcony
- 居間、お茶の間 / أوضة الجلوس / オドテッ ゴルース / living room
- 廊下 / طرقة / トルア / hall
- ダイニング / سفرة / ソフラ / dining
- 客間 / صالون / サーローン / guest room
- 玄関口 / مدخل / マドハル / entrance
- 寝室 / أوضة النوم / オドテンノーム / bed room
- 浴室 / حمام / ハンマーム / bathroom
- トイレ / تواليت / トワレット / toilet
- 台所 / مطبخ / マトバフ / kitchen

ひとくちコラム
トイレ事情
用が済んだら水で洗い流すのが基本。紙を使っても流さず（下水管が詰まりやすいので）ゴミ箱に捨てるべし。和式に似たトイレは穴のある方が後ろ。

さあ、召し上がれ
كلي .
コリ
Enjoy your meal.

とてもおいしいです
حلوه قوي .
ヘルワ アウィ
It's delicious

おかわりはいかが？
كلي كمان .
コリ カマーン
Would you like some more?

ありがとう。いただきます
شكرا .
ショクラン
Thank you. I will have more.

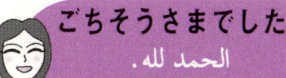

ごちそうさまでした ★
الحمد لله .
エルハムド レッラ
Thank you for the meal.

お腹がいっぱいです
لأ، شكرا. أنا شبعت، خلاص .
ラ ショクラン アナ シェベウト ハラース
I'm so full.

● 家の外観・断片図

窓 — شباك — シェッバーク — window

屋上 — سطوح — ソトゥーフ — housetop

屋根 — سطح البيت — サトフル ベート — roof

カラス — غراب — ゴラーブ — crow

3階 — الدور التاني — エッドーレッ ターニ — second floor

スズメ — عصفور — アスフール — sparrow

2階 — الدور الأولي — エッドーレル ウーラ — first floor

エレベーター — أسانسير — アサンセール — elevator

階段 — سلم — セッレム — stairs

地上階（1階） — الدور الأرضي — エッドーレル アルディ — ground floor

地下 — بدروم — バドローム — basement

門番 — بواب — バウワーブ — doorkeeper

猫 — قطة — オッタ — cat

使える！ワードバンク 家具編

日本語	アラビア語	カナ
ソファ	كنبة	カナバ
テーブル	طربيزة	タラベーザ
椅子/ひじかけ椅子	كرسي	コルスィ
鏡	مراية	メラーヤ
絨毯	سجادة	セッガーダ
カーテン	ستارة	セタ―ラ

ひとくちコラム

お客様はいつでもOK
エジプト人のお宅にお邪魔すると、大量のご馳走を用意して待っていてくれる。日本人の胃袋の限界まで食べてひと息つくと「全然、食べていないじゃない。食べて食べて」とさらに勧められる。しかし、ご馳走を平らげる必要はない。お客が食べきれない量を用意するのがエジプト流だ。胃袋が爆発する前に「エルハムド レッラ（アッラーに讃えあれ）」と伝えよう。できるだけお腹はペコペコにして訪問するべし。

★「ごちそうさまでした」は「アッラーに讃えあれ」の意

疑問詞、動詞

أدوات الاستفهام والأفعال
アダワーテル エステフハーム ウェル アフアール
Interrogatives and verbs

今日、時間がありますか？よかったら映画に行きましょう
عندك وقت النهارده؟ يلاه نروح السينما.
アンデック ワッテン ナハルダ↑
ヤッラ ネルーヘッ スィーネマ↓
Are you free today? Let's go to the cinema.

すみませんが、行けません
معلش، مش ممكن.
マアレシュ メシュ モンケン↓
I'm sorry. I can't.

いいですよ。いつ、どこで待ち合わせますか？
ماشي. نتقابل فين؟
マーシー ネトアーベル フェーン↓
Okay, Where and when shall we meet?

午後6時に○○カフェで待っています
أستناك في كافيتريا ○○ في الساعة ستة.
アスタンナーキ フィ カフェテリイェト ○○ フィッ サーアト セッタ↓
I'll be waiting for you at six pm at ○○café.

少し時間に遅れるかもしれません
يمكن أتأخر شوية.
イェムケン アタアッハル ショワイヤ↓
I might be a little late.

了解しました
ماشي.
マーシ↓
Got it.

遅れる場合は、私の携帯に電話をください
إذا تأخرت اتصلي بيه على الموبيل.
イザ タアッハルティ エッテセリ ベイヤ アラル モバイル↓
If you're running late, call my mobile.

いくら？	いつ？	どこ？
بكام؟	إمتى؟	فين؟
ベカーム↓	エムタ↓	フェーン↓
How much?	When?	Where?

だれ？	何（を）？	どうやって？
مين؟	إيه؟	إزاي؟
ミーン↓	エー↓	エッザーイ↓
Who?	What?	How?

なぜ？	どこへ？	どれ？
ليه؟	لفين؟	أنهي واحد؟
レー↓	レ フェーン↓	アンヘ ワーヘド↓
Why?	Where to?	Which?

日本語	アラビア語	読み	English
見る	اتفرج على	エトファッラグ アラ	watch
食べる	كل	カル	eat
泊まる	بات	バート	stay
買う	اشترى	エシュタラ	buy
乗る	ركب	レケブ	ride
座る	قعد	アアド	sit
行く	راح	ラーハ	go
来る	جه	ゲ	come
飲む	شرب	シェレブ	drink
探す	دور على	ダウワル アラ	look for
選ぶ	اختار	エフタール	choose
話す	إتكلم	エトカッレム	talk
書く	كتب	ケテブ	write
預ける	حط	ハット	deposit
尋ねる	سأل	サアル	ask
確認する	أكد	アッケド	confirm
両替する	غير	ガイヤル	exchange
○○に連絡する	اتصل بـ ○○	エッタサル ベ ○○	contact
出る	خرج	ハラグ	leave
入る	دخل	ダハル	enter
上げる	رفع	ラファア	put up
下げる	نزل	ナッゼル	take down
押す	زق	ザッア	push
引く	شد	シャッド	pull
歩く	مشي	メシ	walk
起きる	صحي	セヒ	wake up
寝る	نام	ナーム	go to bed
走る	جري	ゲリ	run
休む	استريح	エステライヤハ	rest

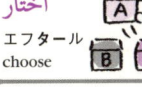

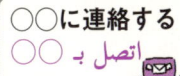

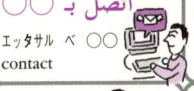

使える！ワードバンク 基本フレーズ編★

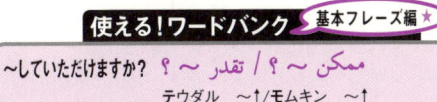

～していただけますか？　ممكن ～ ؟ / تقدر ～ ؟
テウダル ～↑/モムキン ～↑

～をしたいのですが　عاوز ～ / عايز ～
アーイェズ ～↓/アーウェズ ～↓

～してもよろしいですか？　تسمح لي ～ ؟
テスマハ リー ～↑

私は～しなくてはなりません　أنا لازم ～
アナ ラーゼム ～↓

～できますか？　ممكن ～ ؟
モムケン ～↑

★動詞の詳しい運用法は文法（→P132～）を参照

形容詞、感情表現

الصفات والتعبير عن المشاعر
エッセファート ウェッタア
ビール アネル マシャーエル
Adjectives, Expressing Emotion

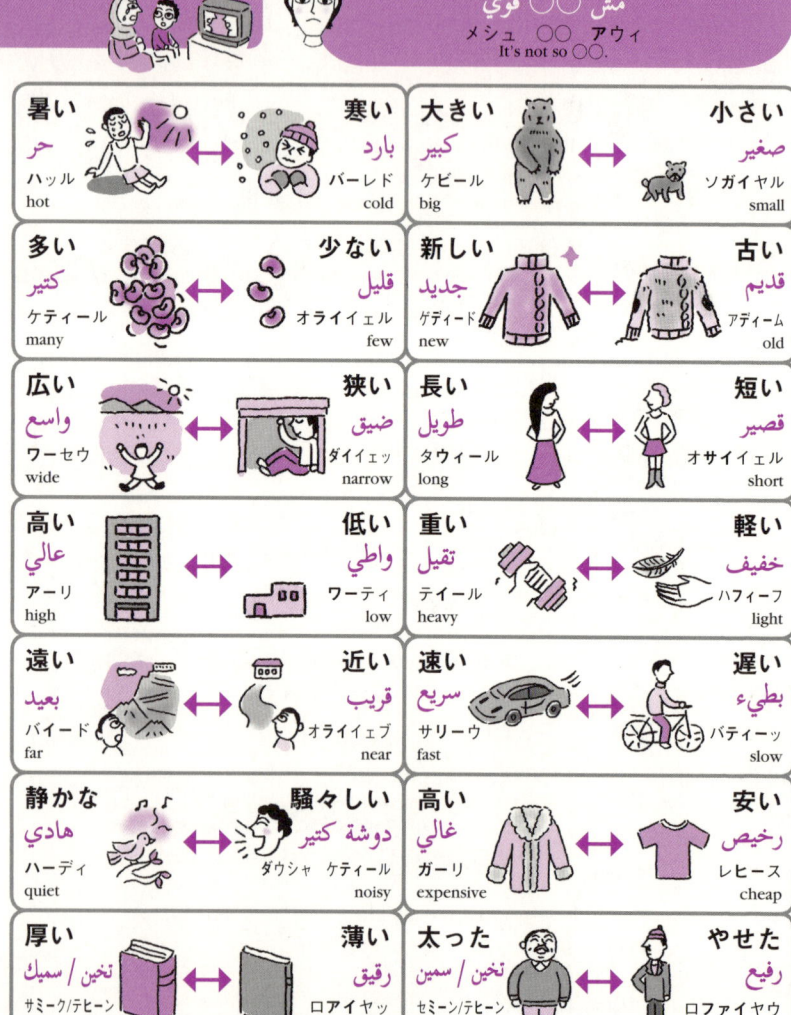

とっても◯◯です
◯◯ قوي
◯◯ アウィ
It's very ◯◯.

それほど◯◯ではありません
مش ◯◯ قوي
メシュ ◯◯ アウィ
It's not so ◯◯.

暑い حر ハッル hot	↔	寒い بارد バーレド cold	大きい كبير ケビール big	↔	小さい صغير ソガイヤル small
多い كتير ケティール many	↔	少ない قليل オライイェル few	新しい جديد ゲディード new	↔	古い قديم アディーム old
広い واسع ワーセウ wide	↔	狭い ضيق ダイイェッ narrow	長い طويل タウィール long	↔	短い قصير オサイイェル short
高い عالي アーリ high	↔	低い واطي ワーティ low	重い تقيل テイール heavy	↔	軽い خفيف ハフィーフ light
遠い بعيد バイード far	↔	近い قريب オライイェブ near	速い سريع サリーウ fast	↔	遅い بطيء バティーッ slow
静かな هادي ハーディ quiet	↔	騒々しい دوشة كتير ダウシャ ケティール noisy	高い غالي ガーリ expensive	↔	安い رخيص レヒース cheap
厚い تخين/سميك サミーク/テヒーン thick	↔	薄い رقيق ロアイヤッ thin	太った تخين/سمين セミーン/テヒーン fat	↔	やせた رفيع ロファイヤウ thin

102

私はのどが渇いています
أنا عطشان / أنا عطشانة
(女) アナ アトシャーナ／アナ アトシャーン
I'm thirsty.

私はうれしいです
أنا مبسوط / أنا مبسوطة
(女) アナ マブスータ／アナ マブスート
I'm delighted.

私は満腹です
أنا شبعان / أنا شبعانة
(女) アナ シャブアーナ／アナ シャブアーン
I'm full.

私は感激しています
أنا منفعل / أنا منفعلة
(女) アナ ムンファエラ／アナ ムンファエル
I'm emotional.

私は空腹です
أنا جوعان / أنا جوعانة
(女) アナ ガアーナ／アナ ガアーン
I'm hungry.

私は怒っています
أنا عضبان / أنا عضبانة
(女) アナ ガドバーナ／アナ ガドバーン
I'm angry.

私は○○ではありません
أنا مش ○○
アナ メシュ ○○↓
I'm not ○○.

ひとくちコラム
形容詞の変化は複雑？
形容詞は、大抵、男性形の語尾に「ア」を付ければ女性形になる。外国人は女性形を使うべきときに誤って男性形を使っても大目に見てもらえる。

心地よい（快適）
مستريح
メステライヤハ
comfortable

幸せな（うれしい）
سعيدة
サイーダ
happy

寂しい
حاسس بالوحدة
ハーセス ベル ワハダ
lonely

興奮している
متنرفز
メトナルフェズ
excited

疲れている
تعبانة
タアバーナ
tired

悲しい
حزين
ハズィーン
sad

えっ？
إيه؟
エー↑
What?

どうしよう
أعمل إيه؟
アアメル エー↓
What should I do?

幸運を！
بالتوفيق إن شاء الله
ベッ タウフィーク インシャーアッラー
Good luck.

使える！ワードバンク 感情表現編

日本語	アラビア語	読み
すごいぞ！	عظيم！	アズィーム↓
楽しい	فرحان	ファルハーン
おもしろい	عجيب	アギーブ
つまらない	ممل	モメッル
すばらしい	هايل	ハーイェル
大変だ（ひどい）	سيء	サイイェッ
かわいい	قمور	アンムール
きれいだ（美人だ）	جميلة	(女) ガミーラ
ハンサムな	وجيه	ワギーフ
よい	كويس	クワイイェス
悪い	وحش	ウェヘシュ
若い	صغير	ソガイヤル

★ザアラーン（زعلان）という形容詞は、怒っている、悲しい、機嫌が悪いなどの嫌な気分のとき全般に使えて便利

体、体調

الجسم والصحة
エッゲスム ウェッ セッハ
The Body and Physical Condition

○○に痛みがあります
بيوجعني ○○
ベイェウガウニ ○○↓
I hurt my ○○.

具合が悪いです
أنا تعبان
アナ タアバーン↓
I feel sick.

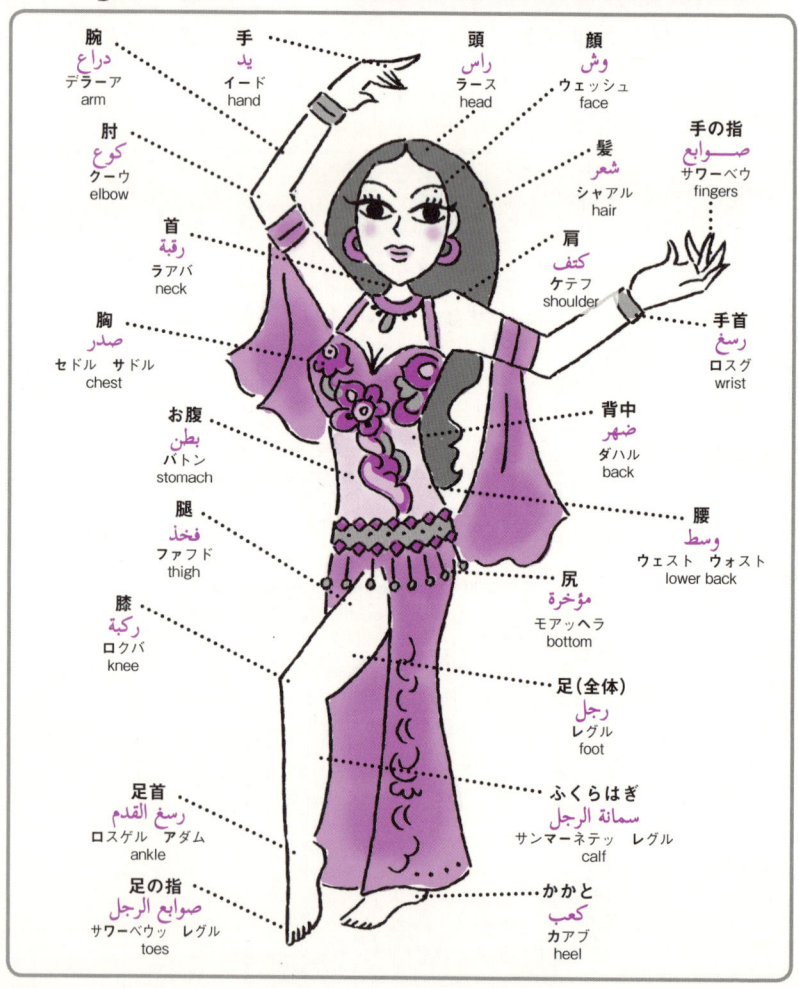

腕 — دراع — デラーア — arm
肘 — كوع — クーウ — elbow
首 — رقبة — ラアバ — neck
胸 — صدر — セドル サドル — chest
お腹 — بطن — バトン — stomach
腿 — فخذ — ファフド — thigh
膝 — ركبة — ロクバ — knee
足首 — رسغ القدم — ロスゲル アダム — ankle
足の指 — صوابع الرجل — サワーベウッ レグル — toes

手 — يد — イード — hand
頭 — راس — ラース — head
髪 — شعر — シャアル — hair
肩 — كتف — ケテフ — shoulder

顔 — وش — ウェッシュ — face
手の指 — صوابع — サワーベウ — fingers
手首 — رسغ — ロスグ — wrist
背中 — ضهر — ダハル — back
腰 — وسط — ウェスト ウォスト — lower back
尻 — مؤخرة — モアッヘラ — bottom
足(全体) — رجل — レグル — foot
ふくらはぎ — سمانة الرجل — サンマーネテッ レグル — calf
かかと — كعب — カアブ — heel

身体の部位編

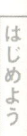

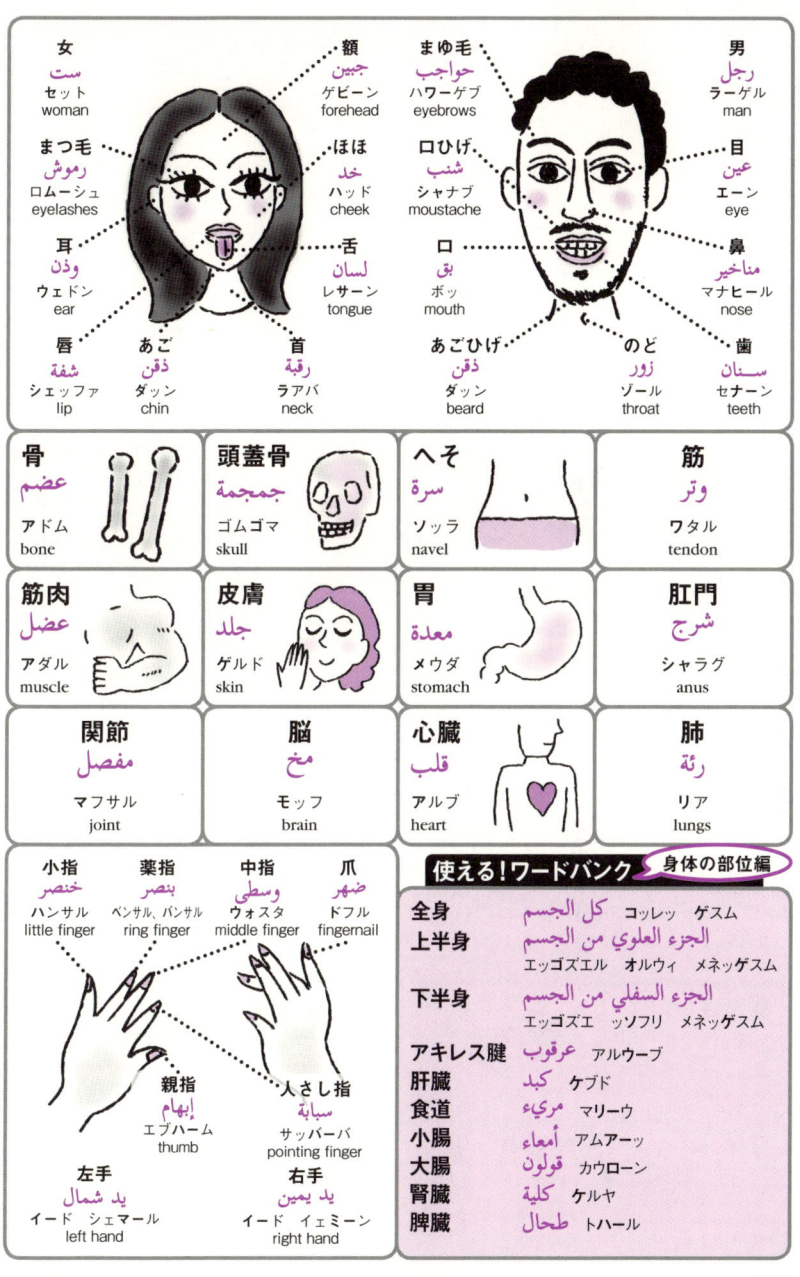

日本語	アラビア語	読み	English
女	ست	セット	woman
額	جبين	ゲビーン	forehead
まゆ毛	حواجب	ハワーゲブ	eyebrows
男	رجل	ラーゲル	man
まつ毛	رموش	ロムーシュ	eyelashes
ほほ	خد	ハッド	cheek
口ひげ	شنب	シャナブ	moustache
目	عين	エーン	eye
耳	وذن	ウェドン	ear
舌	لسان	レサーン	tongue
口	بق	ボッ	mouth
鼻	مناخير	マナヒール	nose
唇	شفة	シェッファ	lip
あご	ذقن	ダッン	chin
首	رقبة	ラアバ	neck
あごひげ	ذقن	ダッン	beard
のど	زور	ゾール	throat
歯	سنان	セナーン	teeth
骨	عضم	アドム	bone
頭蓋骨	جمجمة	ゴムゴマ	skull
へそ	سرة	ソッラ	navel
筋	وتر	ワタル	tendon
筋肉	عضل	アダル	muscle
皮膚	جلد	ゲルド	skin
胃	معدة	メウダ	stomach
肛門	شرج	シャラグ	anus
関節	مفصل	マフサル	joint
脳	مخ	モッフ	brain
心臓	قلب	アルブ	heart
肺	رئة	リア	lungs
小指	خنصر	ハンサル	little finger
薬指	بنصر	ベンサル、バンサル	ring finger
中指	وسطى	ウォスタ	middle finger
爪	ضهر	ドフル	fingernail
親指	إبهام	エブハーム	thumb
人さし指	سبابة	サッバーバ	pointing finger
左手	يد شمال	イード シェマール	left hand
右手	يد يمين	イード イェミーン	right hand

使える！ワードバンク　身体の部位編

日本語	アラビア語	読み
全身	كل الجسم	コッレ ゲスム
上半身	الجزء العلوي من الجسم	エッゴズエル オルウィ メネッゲスム
下半身	الجزء السفلي من الجسم	エッゴズエ ッソフリ メネッゲスム
アキレス腱	عرقوب	アルウーブ
肝臓	كبد	ケブド
食道	مريء	マリーウ
小腸	أمعاء	アムアーッ
大腸	قولون	カウローン
腎臓	كلية	ケルヤ
脾臓	طحال	トハール

病気、ケガ

الأمراض والجروح
エルアムラード ウェル ゴルーフ
Illness, Injury

病院へ連れて行ってください
خدني لمستشفى
ホドニ レ モスタシュファ↓
Please take me to hospital.

ここが痛いです
بيوجعني هنا
ベイェウガアニ ヘナ↓
It hurts right here.

吐き気がします
نفسي غمة عليه
ネフスィ ガンマ アレイヤ↓
I feel nauseous.

だるいです
أنا تعبان
アナ タアバーン↓
I feel tired.

息苦しいです
صعب أتنفس
サアブ アトナッフェス↓
I can't breathe.

熱があります
عندي سخنية
アンディ ソホネイヤ↓
I have a fever.

寒気がします
عندي رعشة
アンディ ラアシャ↓
I feel chilly.

私は○○にアレルギーを持っています
عندي حساسية لـ... ○○
アンディ ハサセイヤ レ ○○↓
I'm allergic to ○○.

旅行者保険に入っています
عندي تأمين سفر
アンディ タッミーン サファル↓
I have travel insurance.

風邪	下痢	コレラ	マラリア
برد	إسهال	كوليرا	ملاريا
バルド	エスハール	コレラ	マラルヤ
cold	diarrhea	cholera	malaria

骨折 كسر カスル broken bone

やけど حرق ハルッ burn

日射病 ضربة شمس ダルベト シャムス sunstroke

ねんざ جزع ガズウ sprain

打撲 كدمة カドマ bruise

妊娠中 حامل ハーメル pregnant

使える！ワードバンク 〔病名編〕

食あたり	تسمم	タサンモム
胃腸炎	التهاب في المعدة	エルテハーブ フィル メウダ
肺炎	التهاب في الرئة	エルテハーブ フィッ レア
盲腸炎	التهاب في الزائدة الدودية	エルテハーブ フィッ ザイダッ ドヤ
糖尿病	مرض السكر	マラディ ソッカル
高血圧	ارتفاع في ضغط الدم	エルテファーア フィ ダグテッ ダンム
低血圧	هبوط في ضغط الدم	ホブート フィ ダグテッ ダンム

日本語（英語）を話すお医者さんはいますか？

فيه دكتور يتكلم ياباني (إنجليزي)؟

フィー ドクトール イェトカッレム ヤバーニ （エンゲリーズィ）↑
Is there a doctor here who speaks Japanese(English)?

どうしましたか？
ما لك؟
マーラック
What's wrong?

お腹を見せてください
وريني بطنك.
ワッリーニー バトナック
Show me your stomach.

処方箋を出します
أكتب لك روشتة
アクテブ ラック ロシェッタ
I'll write you a prescription.

薬は1日何回飲むのですか？
آخذ أدوية كم مرة في اليوم؟
アーホド アドウェヤ カム マッラ フィル ヨーム↓
How often should I take this?

風邪薬
دوا برد
ダワ バルド
cold medicine

胃薬
دوا معدة
ダワ メウダ
stomach medicine

鎮痛剤
مسكن
モサッケン
painkiller

注射
حقنة
ホッナ
injection

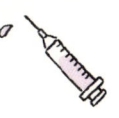

点滴
تنقيط في الوريد
タンイート フィル ワリード
IV

湿布
كمادات
カンマダート
compress

手術
عملية
アマレイヤ
operation

座薬
لبوس
ロブース
suppository

薬局
صيدلية / أجزخانة
アグザハーナ/サイダレイヤ
chemist / pharmacy

使える！ワードバンク　薬編

日本語	アラビア語	読み
医院	عيادة	エヤーダ
医師	دكتور	ドクトール
看護婦	ممرضة	ムマッレダ
内科	عيادة الباطنة	エヤーダトル バーテナ
外科	جراحة	ゲラーハ
眼科	عيادة العيون	エヤーデトル オユーン
歯科	عيادة الأسنان	エヤーデトル アスナーン
解熱剤	خافض حرارة	ハーフェド ハラーラ
消毒液	مطهر	モタッヘル
抗生物質	مضادات حيوية	モダッダート ハヤウェイヤ
1日2回	مرتين في اليوم	マッラテーン フィル ヨーム
1回3錠	تلات أقراص مرة واحدة	タラト アアラース マッラ ワハダ
食前	قبل الوجبات	アブレル ワグバート
食間	بين الوجبات	ベイネル ワグバート
食後	بعد الوجبات	バアデル ワグバート
服用する	أخذ	アハド

ひとくちコラム
現地で体調を崩したら
下痢程度なら、休養しつつ、悪い菌を全部排出しよう。室温のミネラルウォーターなどで水分補給も忘れずに。なお、現地の薬局で薬を買う際には、事前に、信用できるエジプト人に、薬の銘柄を指定してもらうと安心だ。

★ナイル川の水には注意。本流やナイルの水を引いた用水路などの水に触れると、住血吸虫症（بلهارسيا ビルハルセヤ）の危険がある

事故、トラブル

الحوادث والمشاكل
エルハワーデス ウェル マシャーケル
Accidents, Trouble

◯◯をなくしました
ضيعت ◯◯
ダイヤアト ◯◯↓
I've lost my ◯◯.

◯◯を盗まれたようです
◯◯ اتسرق
◯◯ エトサッラッ↓
I think my ◯◯ was stolen.

お金
فلوس
フォルース
money

パスポート
باسبور / جواز السفر
ガワーゼッ サファリ/パスボール
passport

財布
محفظة
マハファザ
wallet

カメラ
كاميرا
カメラ
camera

クレジットカード
كارت الفيزا
カルテル フィーザ
credit card

航空券
تذكرة الطيارة
タズカラテッ タイヤーラ
plane ticket

バッグ
شنطة
シャンタ
bag

スーツケース
شنطة السفر
シャンテテッ サファル
suitcase

警察（救急車/医者）を呼んでください
اتصل بالشرطة (بالإسعاف / بالدكتور)
エッテセル ベッ ショルタ （ベル エスアーフ/ベッ ドクトール）↓
Call the police! (an ambulance / a doctor)

盗難証明書（事故証明書）を作ってください
اعمل لي محضر سرقة (محضر حادثة)
エウメル リー マハダル セルア（マハダル ハドサ）↓
Please write up a theft (an accident) report.

日本語（英語）のわかる人はいませんか？
فيه حد يعرف ياباني (إنجليزي)؟
フィ ハッド ヤアラフ ヤバーニ （エンゲリーズィ）↑
Is there someone here who speaks Japanese (English)?

日本大使館（総領事館）に連絡したいのですが
عاوز أتصل بالسفارة اليابانية (بقنصلية اليابانية)
アーウィズ アッタセル ベッ セファーラテル ヤバネイヤ （ベル コンソレイヤテル ヤバネイヤ）↓
I want to contact the Japanese embasssy (consulate).

★みやげ物店でクレジットカードを使ったあと、カード番号などを控えられ、悪用される事件が多発。現金払いの方が安全だ。ただし、大金を持っているところを見せないこと

交通事故
حادثة مرور
ハドセト モルール
traffic accident

交通渋滞
ازدحام في المرور
エズデハーム フィル モルール
traffic jam

スリ
نشال
ナッシャール
pickpocket

ひったくり
خطاف شنط
ハッターフ ショナト
bag-snatcher

泥棒
حرامي
ハラーミ
thief

痴漢
متحرش جنسيا
メトハッラシュ ゲンスィーヤン
molester

火事
حريق
ハリーッ
fire

地震
زلزال
ゼルザール
earthquake

砂嵐
خماسين
ハマスィーン
dust-laden southern wind

洪水
فيضان
ファヤダーン
flood

嵐
عاصفة
アーセファ
cyclone

豪雨
مطر شديد
マタル シェディード
heavy rain

弁償してください
عاوز تعويض
アーウェズ タアウィード↓
You have to compensate me.

車にはねられました
خبطتني عربية
ハバテトニ アラベイヤ↓
I was hit by a car.

携帯電話を貸してください
ممكن أستعمل الموبيل بتاعك؟
モムケン アスタアメレル モバイル ビターアック↑
Please let me use your mobile.

私は悪くありません
أنا مش غلطان
アナ メシュ ガルターン↓
It's not my fault.

緊急フレーズ

助けて
الحقوني!
エルハウーニ↓
Help!

気をつけろ
خل بالك!
ハッリ バーラック
Be careful!

やめろ！
بطل!
バッタル↓
Stop!

離せ！
سيبني!
セブニ↓
Let me go!

要りません！
مش عاوز!
メシュ アーウィズ↓
I don't want any(that)!

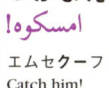

つかまえて！
امسكوه!
エムセクーフ↓
Catch him!

開けて！
افتح!
エフタハ↓
Open up!

出ていけ！
امشي حالا دلوقتي!
エムシ ハーラン デルワッティ↓
Get out!

ひとくちコラム
トラブルにあったら
警察に盗難届を出そうとしても埒の明かないことが多い。何か被害にあったら、カード類の差し止めをし、大使館領事部に連絡、相談しよう。

★一般的にエジプト人は親切だが、外国人観光客の多い地区で、いきなり英語や日本語で話しかけてくるエジプト人には要注意。盗みや詐欺などの下心がある人もいる

column ～「エジプトアラビア語」マスターへの道～

エジプトのアラビア語

エジプト人と交流するためには、アラビア語のエジプト方言で話すのがいちばん！英語が話せるエジプト人も多いが、やはり、現地の言葉を少しでも理解できれば、エジプト旅行がもっと楽しくなるに違いない。

●アラビア語はどんな言語？

アラビア語は、かつてセム・ハム語族と呼ばれていた、アフロアジア語族に属する。イスラエルのヘブライ語とは親戚関係だ。他方、イランのペルシア語は、文字もアラビア語からの借り物で、アラビア語からの借用語も多いが、系統としては、インド・ヨーロッパ語族に属する。

アラビア語は、ギリシア語とともに、よく二言語併用の例に挙げられる。コーランや古典詩の規則を受け継ぐ正則アラビア語（フスハー）と、人々が日常生活で用いる口語アラビア語（アンミーヤ）の2つの言語を使い分けているというわけだ。正則語は、多少の相違はあれど、アラブ世界の共通語と見なされ、新聞や書籍で使われたり、ニュース番組や宗教番組で話されたりしている。他方、口語は、各地の方言であり、エジプト国内でも、地域によって違う方言が話される。

ただ、実際には、こちらが正則アラビア語、あちらが口語アラビア語とはっきり区別できるわけではなく、口語でも、正則語のフォーマルな雰囲気に近い口語から、文字も読めないお年寄りが話す、正則語からは程遠い口語など、様々なレベルがある。

●アラビア語のエジプト方言

さきほど、正則語がアラブ世界の共通語であると述べたが、実はエジプト方言は、全アラブ的に通用する。エジプトの映画やドラマが、ほかのアラブ諸国に大量に輸出されているためだ。エジプト人以外のアラブ人は、エジプト方言を聞いてわかるだけでなく、こちらがエジプト方言で話すと、エジプト方言で答えてくれたりもする。

そんなこともあって、エジプトでは、正則語で会話する機会はほとんどない。正則語が書き言葉、口語は話すだけという原則も、エジプトでは崩れつつある。正則アラビア語版のウィキペディアと別に、エジプト方言版のウィキペディアがあるほどだ。一部の記事をエジプト方言で書く新聞もお目見えした。

というわけで、エジプト方言を覚えることで、エジプトの人々、さらにはアラブ人にもっと近づけるということなのだ。

●エジプトの言語もいろいろ

エジプト方言とひとくちに言っても、首都カイロの方言と、その他の地域の方言には、やはり違いがある。上エジプト（ナイル上流のサイード地方）には、ヌビアの人々が多く、特にお年寄りは、ヌビア語という別の言語を話している。上エジプトの人たちがアラビア語を話すと、ヌビア語の影響などで、カイロ方言とはまた違った方言になってしまうわけだ。（なお、上エジプト出身の人はサイーディ صعيدي と呼ばれ、可哀そうに、エジプシャン・ジョークではボケ役にされ、笑われている。）

また、キリスト教の一派のコプトでは、礼拝などをコプト語で行っており、もちろんコプト語の聖書もある。コプト語自体はほぼ死語だが、コプト教徒たちは、教会でコプト語の授業を受けるなどして、ギリシア文字を基にしたコプト文字で書かれたコプト語を学んでいる。

私の国を紹介します

日本の紹介

日本の地理 ——————————— 112
日本の一年 ——————————— 114
日本の文化 ——————————— 116
日本の家族 ——————————— 118
日本の料理 ——————————— 120
日本の生活 ——————————— 122
〈コラム〉日本とエジプトの関係 ——————— 124
※P112〜123までは正則アラビア語で記載しています

日本の地理

جغرافيا اليابان
Geography of Japan

日本列島は4つの大きな島(北海道、本州、四国、九州)と大小約7000もの島々から成り立っている。

يتكوّن الأرخبيل الياباني من سبعة آلاف جزيرة تقريبًا أربعة منها رئيسية هي (هوكايدو، هونشو، شيكوكو، كيوشو).

> 私は◯◯で生まれました
> أنا من مواليد ◯◯
> アナ メン マクリード ◯◯
> I was born in ◯◯.

日本の山 高さベスト3
أعلى ثلاثة جبال

1	富士山	3,776m
2	北岳	3,192m
3	奥穂高岳	3,190m

جبل فوجي (3776 م)
جبل كيتاداكي (3192 م)
جبل أوكو هوتاكاداكي (3190 م)

三名城
موقع أشهر ثلاثة قلاع

姫路城（兵庫） قلعة هيميجي (هيوغو)
松本城（長野） قلعة ماتسوموتو (ناغانو)
熊本城（熊本） قلعة كوماموتو (كوماموتو)

日本三景
موقع أشهر ثلاثة مناظر طبيعية خلابة

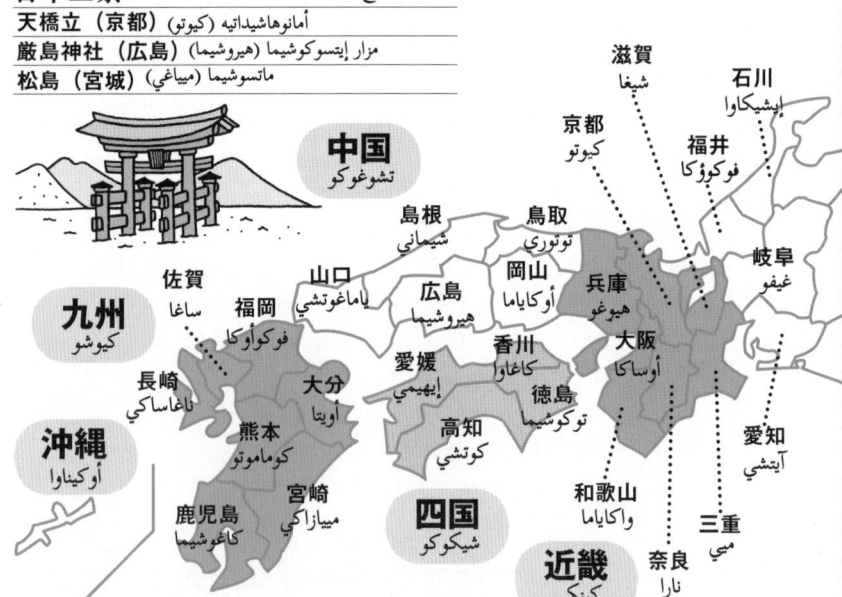

天橋立（京都）	أمانوهاشيداتيه (كيوتو)
厳島神社（広島）	مزار إيتسوكوشيما (هيروشيما)
松島（宮城）	ماتسوشيما (مياغي)

中国 تشوغوكو
九州 كيوشو
沖縄 أوكيناوا
四国 شيكوكو
近畿 كينكي

佐賀 ساغا
福岡 فوكؤوكا
長崎 ناغاساكي
大分 أويتا
熊本 كوماموتو
宮崎 مييازاكي
鹿児島 كاغوشيما

島根 شيماني
山口 ياماغوتشي
広島 هيروشيما
岡山 أوكاياما
鳥取 توتوري
兵庫 هيوغو
大阪 أوساكا
香川 كاغاوا
愛媛 إيهيمي
徳島 توكوشيما
高知 كوتشي
和歌山 واكاياما
奈良 نارا
三重 ميي

滋賀 شيغا
京都 كيوتو
福井 فوكؤي
石川 إيشيكاوا
岐阜 غيفو
愛知 آيتشي

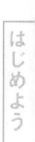

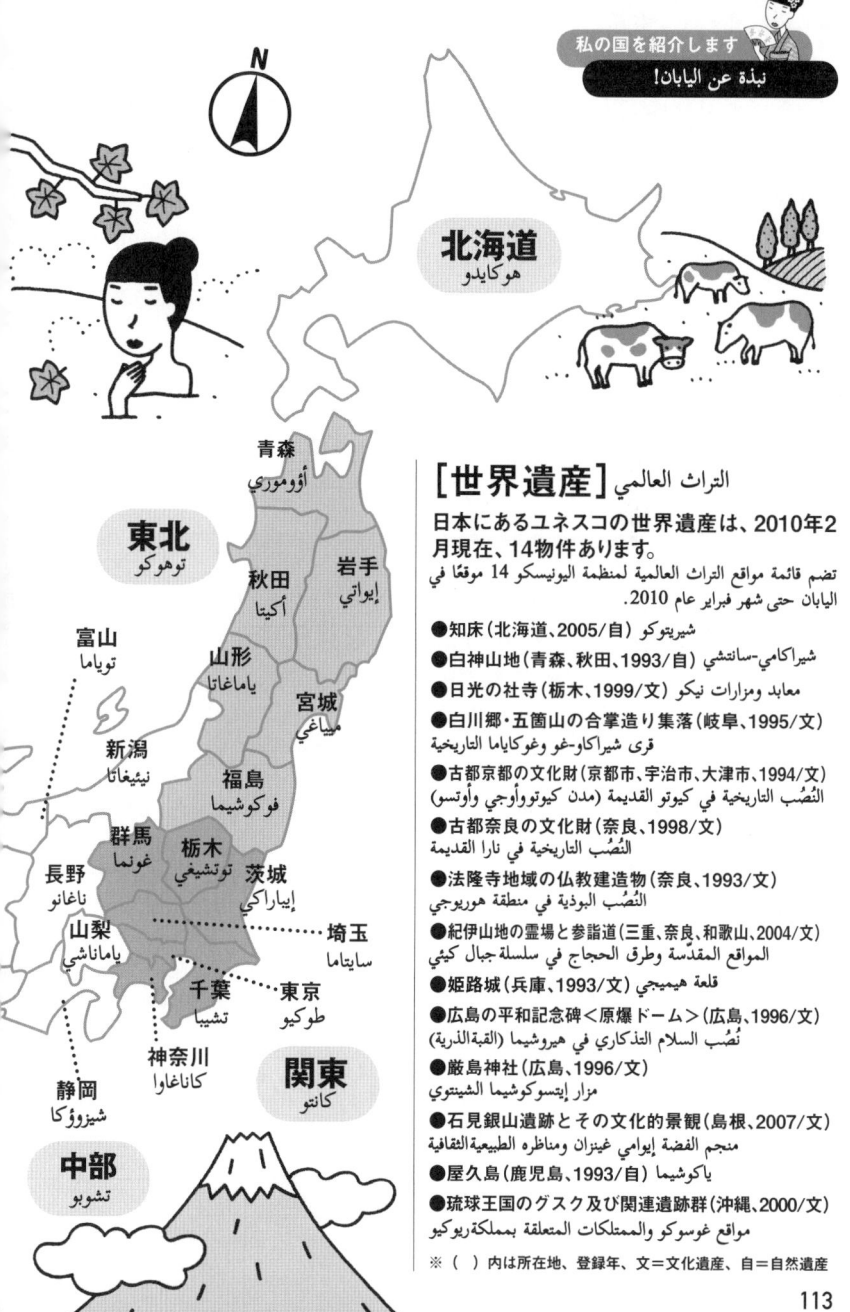

私の国を紹介します
نبذة عن اليابان!

北海道
هوكايدو

青森
أوومori

東北
توهوكو

秋田
أكيتا

岩手
إيواتي

富山
تويَاما

山形
ياماغاتا

宮城
مِيَاغي

新潟
نيشيغاتا

福島
فوكوشيما

長野
ناغانو

群馬
غونما

栃木
توتشيغي

茨城
إيباراكي

山梨
ياماناشي

埼玉
سايتاما

千葉
تشيبا

東京
طوكيو

神奈川
كاناغاوا

関東
كانتو

静岡
شيزووكا

中部
تشوبو

[世界遺産] التراث العالمي

日本にあるユネスコの世界遺産は、2010年2月現在、14物件あります。
تضم قائمة مواقع التراث العالمية لمنظمة اليونيسكو 14 موقعًا في اليابان حتى شهر فبراير عام 2010.

- ●知床(北海道、2005/自)
  شيريتوكو
- ●白神山地(青森、秋田、1993/自)
  شيراكامي-سانتشي
- ●日光の社寺(栃木、1999/文)
  معابد ومزارات نيكو
- ●白川郷・五箇山の合掌造り集落(岐阜、1995/文)
  قرى شيراكاوـغو وغوكاياما التاريخية
- ●古都京都の文化財(京都市、宇治市、大津市、1994/文)
  النُصُب التاريخية في كيوتو القديمة (مدن كيوتو وأوجي وأوتسو)
- ●古都奈良の文化財(奈良、1998/文)
  النُصُب التاريخية في نارا القديمة
- ●法隆寺地域の仏教建造物(奈良、1993/文)
  النُصُب البوذية في منطقة هوريوجي
- ●紀伊山地の霊場と参詣道(三重、奈良、和歌山、2004/文)
  المواقع المقدّسة وطرق الحجاج في سلسلة جبال كيي
- ●姫路城(兵庫、1993/文)
  قلعة هيميجي
- ●広島の平和記念碑<原爆ドーム>(広島、1996/文)
  نُصُب السلام التذكاري في هيروشيما (القبة الذرية)
- ●厳島神社(広島、1996/文)
  مزار إيتسوكوشيما الشينتوي
- ●石見銀山遺跡とその文化的景観(島根、2007/文)
  منجم الفضة إيوامي غيزان ومناظره الطبيعية الثقافية
- ●屋久島(鹿児島、1993/自)
  ياكوشيما
- ●琉球王国のグスク及び関連遺跡群(沖縄、2000/文)
  مواقع غوسوكو والممتلكات المتعلقة بمملكة ريوكيو

※ ( )内は所在地、登録年、文＝文化遺産、自＝自然遺産

日本の一年

التقويم الياباني
A year of Japan

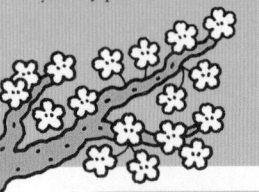

日本には4つの季節"四季(Shiki)"があり、それぞれの季節とその移り変わりを楽しむ行事がある。

في اليابان أربعة فصول ("شيكي"). هناك الكثير من المناسبات الشعبية التي تقام بمناسبة تغيّر الفصول.

日本は、今○○の季節です
الآن هو فصل ○○ في اليابان.
アルアーン　フワ　ファスル　○○　フィル　ヤーバーン
It is now ○○ in Japan.

[七夕(7月7日)]
تاناباتا (السابع من يوليو)

中国の伝説から始まった行事。折り紙や色紙で笹を飾り付け、家の庭などにたてる風習が残っている。また、願いごとを書いた紙を笹に飾ると願いが叶う、といわれている。

تاناباتا هي مناسبة سنوية مبنية على أسطورة صينية. ويُقال أن النجم نجم راعي البقر (ألتير) و نجم الحائك (فيما) اللذين يقعان على جانبين متضادين من مجرة التبانة يُسمح لهما بالالتقاء مرة واحدة كل عام في عشية السابع من يوليو. ويُعتقد أن الأماني تتحقق في هذا اليوم إذا كُتبت على قصاصات ورق ملون وتم تعليقها على فروع الخيزران.

[端午の節句(5月5日)]
تانغو نو سيكو (الخامس من مايو) (الاحتفال بالصبيان)

男児の健やかな成長と幸せを願う祝日。男児がいる家庭では、鯉のぼりを揚げ、武者人形や鎧兜を飾る。

موعد للاحتفال بالصبيان والدعاء لهم بالصحة ودوام العافية والحظ السعيد، وهذا اليوم هو عطلة قوم تُسمّى بـ "عيد الأطفال". تحتفل الأسر بأسر الصبيان بتعليق طائرات ورقية على شكل سمك الشبوط (كوينوبوري)، وعرض نماذج من الملابس المدرعة (موشا نينغيو) ، و خوذات المحاربين (يوروي كابوتو).

[花見]
هانامي (موسم رؤية الزهور)

桜の満開時期になると、職場仲間や友人、家族で公園などに出かけ、桜の木の下で食事をしたり、酒を飲んだりする。

عندما تكون زهور الكرز في أوج تفتحها، يزور الناس الحدائق وأماكن أخرى مع زملائهم وأصدقائهم وأفراد أسرهم لـ "مشاهدة تفتح زهور الكرز". ويستمتعون بمشاهدة الزهور بتناول الطعام والشراب تحت شجر الكرز.

[ひな祭り(3月3日)]
مهرجان هينا ماتسوري (الثالث من مارس)

女児の健やかな成長と幸運を願う行事。ひな人形を飾り、桃の花や白酒、ひし餅、ひなあられを供える。

تحتفل الأسر التي لها بنات صغيرات بمهرجان هينا ماتسوري (مهرجان البنات) بالدعاء لهن بدوام الصحة والحظ السعيد. تُعرض دُمى الهينا (هينا نينغيو) وتوضع زهور الخوخ ومشروب ساكي أبيض وكعك أرز ماسي الشكل يُدعى "هيشيموتشي" و رقائق أرز محلاة (هينا أراري) كقرابان أمام الدمى.

月	
8月 أغسطس	夏 الصيف
7月 يوليو	
6月 يونيو	
5月 مايو	春 الربيع
4月 أبريل	
3月 مارس	

[盆] مهرجان بون

7月13~15日、または8月13~15日に帰ってくる祖先の霊を迎えて慰めるため、さまざまな行事を行う。都会に住む人も故郷に帰って、墓に花を供えるなどして祖先の霊を供養する。

يقام من الثالث عشر إلى الخامس عشر من يوليو أو أغسطس سلسلة من المناسبات تُستقبل فيها أرواح الأسلاف التي يُعتقد أنها تعود إلى منازلها في هذا الوقت. تُسمى هذه المناسبات أيضًا بأوربون وفقًا لأسطورة بوذية. يعود الناس الذين يعيشون في المدن الكبيرة إلى منازل آبائهم للصلاة والدعاء لأرواح أسلافهم، وذلك بزيارة القبور ووضع الزهور وإشعال البخور...إلخ.

[月見(9月中旬)]
تسوكيمي (منتصف سبتمبر)

月を鑑賞する行事を月見という。9月中旬頃の満月を特に「十五夜」とよび、月見だんごや果物、秋の七草を供える。

تُعرف فعاليات مشاهدة القمر بـ "تسوكيمي". تقام هذه الفعاليات في منتصف شهر سبتمبر عندما يصبح القمر بدرًا (وتدعى على وجه الخصوص "جوغويا"). تصنع التسوكيمي دانغو (نوع من المعجنات)، وتُحضّر الفواكه وزهور الخريف السبعة وتُقدّم كقربان للقمر.

نبذة عن اليابان!
私の国を紹介します

[クリスマス(12月25日)]
الكريسماس (الخامس والعشرين من ديسمبر)

日本ではクリスマスは宗教色が薄く、家族や友人、恋人達が絆を確かめあう行事であることが多い。

بشكل عام، لا يُحتفل بالكريسماس كمناسبة دينية في اليابان. وعلى الأصح، تُشهر هذه المناسبة ليعبر الناس عن عواطفهم تجاه الأسرة والأصدقاء والأحباء.

[大晦日(12月31日)]
أوميسوكا (الحادي والثلاثين من ديسمبر)

大晦日の夜には、家族揃ってテレビで歌番組を見てすごす。また、家族揃ってそばを食べることによって、健康と長寿を願う。

يُحتفل بعشية رأس السنة بشكل عام في اليابان، فيستجمع أفراد الأسرة بقضاء الليلة معا ويستمتعون ببرنامج غنائي مشهور على التلفزيون.

يتناول اليابانيون في هذه الليلة "سوبا" وهي وجبة تقليدية من عيدان المعكرونة ترمز إلى طول العمر والحظ السعيد.

秋 الخريف
冬 الشتاء

9月 سبتمبر
10月 أكتوبر
11月 نوفمبر
12月 ديسمبر
1月 يناير
2月 فبراير

[正月]
شوغاتسو

1年の最初の月のことだが、1月1~7日を指すことが多い。古来より、正月の行事は盆とともに重要なものとされている。

على الرغم من أن المعنى الحرفي لشوغاتسو هو الشهر الأول من السنة، ولكنها تشير بشكل عام إلى الفترة ما بين الأول والسابع من يناير. ومنذ القديم، تحظى مناسبات الشوغاتسو بنفس أهمية مهرجان البون.

[節分(2月3日)]
سيتسوبون (الثالث من فبراير)

「鬼は外」「福は内」とかけ声をかけながら、鬼役の人に向かってマメを投げる。邪悪なものや不幸を家の外に追い払い、福を呼び込む意味がある。

في يوم السيتسوبون، يقذف الناس حبات فول الصويا على "الشيطان" (عادة أحد أفراد الأسرة يلبس قناع على شكل شيطان ويمثل دوره) ويصيحون بعبارات "فلتخرج الشياطين وليدخل الحظ السعيد" ويُعتقد أن هذا يساعد على طرد الشياطين والمصائب من المنزل ويستدرج الحظ السعيد.

[バレンタインデー(2月14日)]
عيد الحبّ (الرابع عشر من فبراير)

女性から男性にチョコレートを贈るのが一般的。贈り物をもらった男性は3月14日のホワイトデーにお返しをする。

جرت العادة في اليابان أن تهدي المرأة قطعة شوكولاتة للرجل في عيد الحبّ الذي يوافق الرابع عشر من فبراير. وفي المقابل، يُتوقع من الرجال المتلقين للهدايا في هذا اليوم أن يقدموا هدايا للنساء في اليوم الأبيض الذي يوافق الرابع عشر من مارس.

115

日本の文化

العقافة اليابانية
Japanese culture

○○を知ってますか？
هل سمعت عن ○○ ؟
ハル　サミウタ　アン　○○
Do yo know ○○ ?

[着物] كيمونو

着物は和服ともよばれる日本の伝統的衣服。江戸時代までは日常着だった。洋服が普及してからは礼服として冠婚葬祭や伝統的な行事などが行われるときに着用されることが多い。

الكيمونو، ويُعرف أيضا بـ "وافوكو" هو اللباس التقليدي في اليابان الذي كان يُلبس يوميًا حتى عهد إيدو (أواخر القرن التاسع عشر). ومنذ انتشار الملابس الغربية لتصبح الزي الاعتيادي اليومي، أصبح الكيمونو يُلبس غالبًا في الحفلات وعند مزاولة الفنون التقليدية.

[盆栽] بونساي

盆栽は、鉢に植えた小さな木を自然界にあるような大木の形に整え、その姿を楽しむ植物の芸術作品。木の姿だけでなく、鉢も鑑賞の対象となる。

البونساي هو فنّ البستنة، وعن طريقه يمكن التحكّم في نموّ أشجار ونباتات بتصغيرها وغروسها في أصوص، ويحاكي شكل هذه الشجيرات أشجار كبيرة موجودة بالفعل في الطبيعة. بالإضافة إلى أشكال النباتات، فإن الأصوص والأواني في حدّ ذاتها هي جزء قيّم من هذه الحرفة.

[生け花] إيكيبانا

生け花は草花や花を切り取り、水を入れた花器に挿して鑑賞する日本独特の芸術。もとは仏前に花を供えるところから始まったが、室町時代（14～16世紀）には立花として流行し、江戸時代になると茶の湯とともに一般に普及した。

الإيكيبانا هو فن تقليدي ياباني يعني بتنسيق وتقليم الزهور وسيقانها في مزهرية. نشأ هذا الفن من طرق وضع الزهور أمام النّصب التذكارية لأرواح الأسلاف في فترة موروماتشي (من القرن الرابع عشر حتى القرن السادس عشر)، رواج الإقبال على ممارسة فنّ تنسيق الزهور ريكًا (الزهور القائمة). وفي فترة إيدو، اكتسب فنّ تنسيق الزهور شهرة واسعة جنبًا إلى جنب مع طقوس تقديم الشاي.

[浮世絵] أوكيويئه

浮世絵は江戸時代に発達した風俗画。15～16世紀には肉筆の作品が中心だったが、17世紀後半、木版画の手法が確立され、大量生産が可能になると、庶民の間に急速に普及した。

الأوكيويئه هو نوع من أنواع الرسم استحدث أثناء فترة إيدو وكان يُرسم في المقام الأول باليد في القرنين الخامس عشر والسادس عشر. وفي أواخر القرن السابع عشر، عندما تأسّس فنّ الطباعة بالرسم باستعمال الألواح الخشبية لتوسيع نطاق الإنتاج، اكتسب فنّ الأوكيويئه شهرة واسعة وكبيرة بين الشعب الياباني.

[短歌と俳句] تانكا وهايكو

短歌は日本独特の和歌の一形式で、五七五七七の五句31音で構成される。俳句は五七五の三句17音の詩。この短い形式の中に美しい言葉で季節や自分の気持ちを詠み込む。

التانكا هو أسلوب فريد وتقليدي للشعر، يتكوّن من خمسة أبيات، وكل بيت يتكوّن من مقاطع صوتية مرتبة وفقا للوزن الشعري التالي؛ وهو 7-5-7-5-7. أما الهايكو وهو الأسلوب الأقصر والأكثر شهرة فيتكوّن من ثلاثة أبيات بمقاطع صوتية مرتبة وفقًا للوزن الشعري التالي؛ وهو 7-5-5. تتناول التعبيرات الشعرية لقصائد الهايكو موضوعات مختلفة كالفصول والأحاسيس الشخصية.

[茶の湯] تشا نو يو

茶の湯は、16世紀ごろ千利休が大成した。彼は禅の精神を取り入れ、簡素と静寂を旨とする日本独特の「わび」の心を重んじた。さどう、ちゃどうともよばれる。

اكتملت طقوس تقديم الشاي "تشا نو يو" على يد الأستاذ سين نو ريكيو في القرن السادس عشر. وقد استوحيت هذه الطقوس من مذهب زن البوذي وتركّز على الناحية الجمالية اليابانية "وابي" التي تعني البساطة وهدوء البال.

私の国を紹介します
نبذة عن اليابان!

[歌舞伎] كابوكي

江戸時代に生まれた日本独特の演劇芸術。1603年、出雲大社の巫女だった女性たちによって京都で興行されたのが始まりといわれている。風紀を乱すということから禁止された後、徳川幕府により成人男子が真面目な芝居をすることを条件に野郎歌舞伎が許された。現在の歌舞伎は男性のみで演じられる。★

الكابوكي هو نمط فريد من المسرح التقليدي الياباني نشأ أثناء فترة إيدو. ويقال إنه عُرف لأول مرة عندما قامت مجموعة من الجواري النساء بتقديم هذا النوع من العروض في كيوتو في عام 1603. ونظرًا للاعتقاد بمنافاته للأخلاق العامة، تم حظر الكابوكي. ولكن توكوغاوا شوغوناتي سمح بإعادة إحيائه شريطة أن ينحصر على مشاركة الفنانين الذكور (يارو كابوكي).

ولا يزال مسرح الكابوكي على هذا الحال حتى يومنا هذا، إذ يقوم الذكور بكافة الأدوار التمثيلية بما فيها النسائية.

[文楽] بونراكو

日本の伝統的な人形芝居、人形浄瑠璃（義太夫節）という独特の歌謡に合わせて演じられる。人形浄瑠璃が成立したのは1600年前後といわれ、主に大阪を中心に発展してきた。★

البونراكو هو مسرح الدمى الياباني التقليدي (نينغيو جوروري) الذي يصاحب عروضه أغاني قصصية فريدة تسمى جوروري (جيداي بوشي). يُعتقد أن هذا المسرح تأسس في حوالي عام 1600 وازدهر بشكل رئيسي في منطقة أوساكا.

[能・狂言] نو وكيوغين

室町時代初期（14世紀）に出来上がった歌舞劇で、二人から数人で、華麗な衣装と仮面をつけて演じる古典芸能。狂言は、ユーモアにあふれたセリフ主体の劇である。★

هو فن مسرحي كلاسيكي يتضمن مقطوعات موسيقية ورقصات وعروض، وتأسس هذا الفن في بداية فترة موروماتشي (القرن الرابع عشر)، وفيه يقوم شخصين أو أكثر بأداء العروض وهم يرتدون ملابس وأقنعة ملونة، فالكيوغين عبارة عن دراما كوميدية قائمة على الحوار.

[相撲] سومو

日本の伝統的なスポーツのひとつ。土俵とよばれる丸いリングの中で2人が組み合い、相手を土俵の外に出すか、地面に倒した方が勝ち。古くから相撲は神の意志を占う役割があったが、8世紀ごろの、天皇に見せる節会相撲が始まり。現在は日本の国技として人気を集め、外国人力士も増加中。

السومو، أو المصارعة اليابانية، هي إحدى أكثر الرياضات التقليدية شعبية في اليابان. يتصارع فيها اثنين من لاعبي السومو داخل حلبة مستديرة تدعى دوهيو. والفائز هو من يتغلَّب على منافسه بإخراجه من الحلبة أو إسقاطه أرضًا. في الماضي، كانت السومو تُمارس كطقوس دينية، ولكن أصل رياضة السومو التي نعرفها في وقتنا الحاضر يعود إلى عروض الـ"سِتِيئِنِي زومو" التي كانت تُمارس في القرن الثامن كمراسم احتفالية للإمبراطور. تتمتع مصارعة السومو اليوم بشعبية كبيرة باعتبارها إحدى الرياضات الوطنية في اليابان وتتزايد شعبيتها في الخارج مع مشاركة المزيد والمزيد من المصارعين الأجانب في المنافسة.

[柔道] جودو

日本に古くからあった柔術という格闘技を、19世紀に嘉納治五郎がスポーツとして改良したもの。体と精神の両方を鍛えることを目的としている。

الجودو هي الامتداد المحسَّن للفن القتالي الياباني الأقدم جوجوتسو. طوّر هذا الفن القتالي إلى طريقة ملائمة للممارسة الرياضية على يد جيغورو كانو في القرن التاسع عشر. تركّز هذه اللعبة على كيفية تحسين القوى الرياضية والعقلية للاعبيها.

[剣道] كندو

剣を使って心身を鍛える道。武士の時代には相手を倒すための武術だったが、現在では面、胴、小手などの防具をつけ、竹刀で相手と打ち合う。

الجودو هي الامتداد المحسَّن للفن القتالي الياباني القديم "جوجوتسو". طوّر هذا الفن القتالي إلى طريقة ملائمة للممارسة الرياضية على يد جيغورو كانو في القرن التاسع عشر. تركّز هذه اللعبة على كيفية تحسين القوى الرياضية والروحية للاعبيها.

日本の家族

الأسرة اليابانية
Japanese family

生を受け、その生涯を終えるまでに、自分の家族の幸せや長寿を願い、さまざまな行事が行われる。

تُقام الكثير من المناسبات التقليدية للتمني بالسعادة وطول العمر لأحد أفراد الأسرة والأسرة بأكملها.

誕生日おめでとう!
عيد ميلاد سعيد!
イード　ミーラード　サイード
Happy birthday to you!

ありがとう!
شكرًا
シュクラン
Thank you!

[結婚式] كيكونشيكي (حفلات الزواج)
決まった宗教を持たない人が多い日本では、結婚式の形式も特定の宗教に捕われないことが多い。古来より神前結婚式が多数を占めていたが、最近はキリスト教式の結婚式を選ぶ人も多い。

في اليابان، حيث لا يمارس الكثير من الناس الدين بنشاط، لا تعكس الكثير من حفلات الزواج ديانة معينة. فبينما كان من التقليدي أن تقام الكثير من الحفلات في مزارات شنتوية، فإن عددًا متزايدًا من الأزواج يختار الزواج على الطريقة المسيحية.

男性25、42、61歳
女性19、33、37歳 ※3

男性32.0歳、女性29.6歳
(平均婚姻年齢) ※1

[厄年] ياكودوشي
厄年とは病気や事故、身内の不幸といった災いが降りかかりやすい年齢のこと。社寺に参って、厄払いの祈願をすることが多い。

ياكودوشي هو العمر الذي يُعتقد أن الشخص يصبح فيه أكثر عُرضة للإصابة بجروح أو المرض أو الحوادث أو سوء الحظ كفقدان أحد أفراد أسرته. يتوجه الكثير من الناس إلى المزارات للدعاء ضد حدوث مثل هذه الأمور.

[還暦] كانريكي
一定の年齢に達した高齢者に対し、長寿のお祝いをする。例えば、数え年での61歳を還暦といい、家族が赤い頭巾やちゃんちゃんこを贈る風習がある。

هناك عادات متعددة للاحتفال بطول العمر للمواطنين المسنين الذي بلغوا عمرًا معينًا. فعلى سبيل المثال، تُسمى فترة الإحدى والستين سنة من عمر الشخص بكانريكي. وقد جرت العادة أن تُهدي العائلة قلنسوة حمراء أو سترة كيمونو بلا أكمام إلى أفراد العائلة عند بلوغهم هذا السن.

60歳

男性79歳、女性85.8歳
(平均寿命) ※2

[葬式] سوشيكي (الجنازات)
日頃あまり宗教的ではない日本人も、葬式においては多分に宗教的である。そのほとんどが仏教式。

على الرغم من أن اليابانيين لا يبدون مهتمين بالدين في حياتهم اليومية، إلا أنهم يتبعون الطقوس الدينية في جنازاتهم بصرامة. تُقام معظم الجنازات في اليابان حسب المعتقدات البوذية.

[法要] هوير
葬式が終わったあとも、死者が往生して極楽(キリスト教における天国)に行けるよう、生きている人が供養を行う。初七日、四十九日、一周忌が特に重要とされている。

بعد الجنازة، تقيم العائلة وأقرباء الفقيد مراسم تذكارية بوذية لكي تخلد روح الميت للراحة وتنتقل إلى الجنة البوذية (شبيهة بالجنة المسيحية). تُقام المراسم التأبينية التذكارية في اليوم السابع، والتاسع والأربعين، وبعد عام من الوفاة حيث يُعتقد أن لهذه الأيام أهمية خاصة.

※1、2　2006年　厚生労働省人口動態統計に拠る

私の国を紹介します
نبذة عن اليابان!

[帯祝い] أوبي إيواي
妊娠して5カ月目の、干支でいう戌の日に、妊婦の実家が腹帯を贈る行事。戌の日に行うのは多産な犬にあやかり、安産を祈ることに由来する。

في الشهر الخامس من أشهر الحمل، تُهدى النساء الحوامل وشاحًا من والديها في يوم الكلب من دائرة البروج الشرقية. تُقام هذه المناسبة في يوم الكلب لأن الخصوبة عند الكلاب ترمز إلى سهولة الإنجاب.

[お宮参り] أوميياميري
赤ちゃんの誕生を祝い、元気な成長を願って、男の子は生後30日目、女の子は生後33日目に住んでいる土地の神社にお参りする。

تأخذ الأسرة مولودها الجديد إلى معبد شينتوي — حيث يُقدَّس الإله الشنتوي (أوجيغامي) — في المنطقة المحلية-- للاحتفال بمولد الطفل والدعاء له بالنمو السليم القوي. تُقام هذه المناسبة بعد ثلاثين يومًا من ولادة الذكور وفي اليوم الثالث والثلاثين للإناث.

誕生前 ▶▶▶ 生後30〜33日 ▶▶▶ 3歳 ▼ 5歳 ▼ 7歳

[七五三] شيتشي غو سان
子供の健やかな成長を願って、男の子は3歳と5歳、女の子は3歳と7歳のときに神社にお参りをする。

يأخذ الناس أطفالهم إلى أحد المزارات للدعاء لهم بالنمو السليم القوي. تقام هذه المناسبة للأولاد عندما تصبح أعمارهم ثلاث وخمس سنوات، وللإناث عندما تصبح أعمارهن ثلاث وسبع سنوات.

◀◀◀ 20歳 ◀ 18歳〜 大学／専門学校 ◀ 16〜18歳 高等学校 ◀ 6〜15歳 小〜中学校

[成人の日] سييجين نو هي
満20歳になった人を成人として認める儀式。1月の第2月曜日に、各地の自治体では記念の式典が行われる。満20歳になると選挙権が得られる。また、飲酒、喫煙も許される。

يُقام احتفال بلوغ سن الرشد "سييجين نو هي" للشباب الذي بلغ سنّ العشرين، فتقوم كل دائرة محلية في اليابان في يوم الاثنين من الأسبوع الثاني من شهر يناير بإقامة المراسم الاحتفالية. من بلغ سن الرشد (وهو العشرون) يحق له المشاركة في الانتخابات والتدخين وشرب الكحوليات.

[進学] شينغاكو (التعليم)
幼稚園、小学校、中学校、高校、大学を経て就職するまで、子供の教育に必死になる親は多い。

يبذل الكبير من الآباء والأمهات أقصى إمكانياتهم لمنح أطفالهم أفضل تعليم، من المرحلة الابتدائية حتى الجامعة.

現代家族の形態

[核家族] كاكو كازوكو
日本で主流になっている家族形態。かつては若年層世帯の多い都市部に多かったが、現在では過疎化の進む地方でも目立つ。

كاكو كازوكو أو الأسرة النووية هو النموذج النمطي للأسرة اليابانية المعاصرة. كانت الأسر النووية أكثر شيوعًا في المدن الكبيرة، حيث توجد الكثير من الأسر الشابة، ولكننا نجدها اليوم أيضًا وبشكل ملحوظ في المناطق الريفية التي تشهد تناقصًا في أعداد السكان.

[共働き] توموباتاراكي
結婚をしても、夫と妻の双方が仕事を続ける場合が多く、その場合子供を持たない夫婦をDINKSとよぶ。

يواصل كلا الزوجين في الكثير من الأسر العمل بعد الزواج. في هذه الحالة، يُسمى الزوجان اللذان لا يوجد لديهما أطفال DINKS (دخلان بلا أطفال).

[パラサイトシングル] باراسايت
一定の収入があっても独立せず、結婚適齢期を過ぎても親と同居し続ける独身者のことをいう。

وهم الأشخاص غير المتزوجين الذي يكسبون دخلًا ثابتًا ولكنهم لا يرغبون بالاستقلالية ويواصلون العيش مع والديهم حتى بلوغهم أواخر العشرينات أو الثلاثينات أو الأربعينات من عمرهم.

※3 厄年は数え年（満年齢に1足す）であらわされる

日本の料理

الطعام الياباني
Japanese cuisine

現代の日本では、あらゆる国の料理を楽しむことができるが、ここでは日本の代表的な料理をいくつか紹介する。

على الرغم من توفّر مأكولات من جميع أنحاء العالم في اليابان اليوم، فإن الكثير من الأطباق اليابانية لا تزال تحظى بشعبية كبيرة جدًا، ونقدم لكم بعض هذه الأطباق.

いただきます！
※إيتاداكيماسو
イタダキマス
That's great.

ごちそうさま
※غوتشيسوساما
ゴチソウサマ
Thank you.

[刺身] ساشيمي

新鮮な魚介類を薄切りにして盛り付けたもの。普通、ワサビを薬味にして醤油につけて食べる。

ساشيمي هو عبارة عن شرائح رفيعة من السمك الطازج منسقة على طبق. تُرفق عادة مع واسابي وتُغمس في صلصة الصويا قبل أكلها.

[すし] سوشي

砂糖を混ぜた酢で調味した飯（すし飯）にさまざまな魚介類を薄切りにして載せたもの。

يُصنع السوشي بوضع شرائح رفيعة من مأكولات بحرية متنوعة فوق أرز متبل بالخل المُحلّى (سوشي ميشي).

[すき焼き] سوكيياكي

鉄鍋を使い、牛肉の薄切り肉と豆腐、しらたき、野菜などを卓上コンロで煮ながら食べる。

السوكيياكي هو طبق من شرائح بقر رفيعة وتوفو (جبن الصويا) وشيراتاكي (عيدان مصنوعة من نشا الكونياكو) إلخ، تُطبخ في قدر مصنوع من الحديد الصلب على الطاولة باستعمال موقد طبخ قابل للنقل.

[天ぷら] تيمبورا

野菜や魚介類に衣をつけて油でからりと揚げた料理。

التيمبورا هي خضار ومأكولات بحرية تغمس في خليط من الطحين والبيض والماء (الكورومو) وتقلى بزيت عميق.

[しゃぶしゃぶ] شابو شابو

薄く切った牛肉を昆布だしの鍋にくぐらせ、たれにつけて食べる。

الشابو شابو هو طبق من شرائح بقر رفيعة تُغطس قليلا في مرقة خلاصة أشنة البحر السوداء وتأكل مع صلصات خاصة.

[鍋もの] نابي مونو

大きな鍋で野菜や魚介類などを煮ながら食べる。材料や味付けによってさまざまな鍋がある。

نابي مونو هو اسم مشترك لأطباق القدور الساخنة التي تحتوي على خضروات ومأكولات بحرية ويتم طبخها على الطاولة. يوجد الكثير من أنواع النابي مونو وهي تختلف باختلاف محتوياتها وتوابلها.

※「いただきます」は食事のはじめに、「ごちそうさま」は食事の終わりに使う。いずれも食事を作ってくれた人への感謝の言葉。

私の国を紹介します
نبذة عن اليابان!

[会席料理]
كايسكي ريوري

酒宴で出される上等な日本料理。西洋料理のフルコースのように一品ずつ順に料理が運ばれる。季節に合った旬の素材が美しく調理される。

كايسكي ريوري هو وجبة يابانية فخمة تُقدّم في حفلات العشاء. تُقدَّم الأطباق واحداً تلو الآخر بطريقة مشابهة للأسلوب الأمريكي في تقديم وجبات العشاء الكاملة. يختار المحتويات عادة حسب الموسم.

[麺類]
مينروي

そば粉に小麦粉、水などを加えて練り細く切ったそばと、小麦粉を練って作るうどんは日本の伝統的な麺類。

السوبا هي عيدان المكرونة الرفيعة (نودل) المصنوعة من خليط طحين الحنطة السوداء (سوباكو)، مع الماء وغير ذلك، أما الأودون فهو عيدان المكرونة (نودل) مصنوعة من عجين طحين الدقيق. وهذان الصنفان هما عيدان المكرونة (النودل) التقليدية في اليابان.

[おでん]
أودين

醤油のだし汁で、魚の練り製品や大根、ゆで玉子などを数時間煮込んだもの。

الأودين هو الاسم المشترك لنوع من الطعام تُطبخ فيه مكونات مختلفة من قطع السمك والفجل الياباني والبيض المسلوق وتُغلى لعدّة ساعات في مرقة أساسها صلصة فول الصويا.

[お好み焼き]
أُوكونومِيياكي

小麦粉に水と卵を加え、その中に野菜、魚介類、肉などを混ぜたものをテーブルにはめ込んだ鉄板で焼いて食べる。

الأوكونوميياكي هو نوع من الفطائر يُصنع بخلط الطحين والماء والبيض مع مكونات متنوعة مثل الخضروات والمأكولات البحرية واللحوم، ثم يطهى على لوح تسخين مدمج في الطاولة.

[定食]
تيِيشوكو

家庭的なおかずとご飯と味噌汁をセットにしたメニューで、学生から社会人までランチメニューとして人気。

تيِيشوكو هي أحد بنود قوائم اختيار الطعام التي تحظى بشعبية كبيرة بين الجميع في المطاعم، فهي وجبة شبيهة بالوجبات المنزلية التي يتم فيها تقديم طبق جانبي مع أرز وشورية ميسو (معجون فول الصويا).

[焼き鳥]
ياكيتوري

一口大に切った鶏肉や牛、豚の臓物を串に刺してあぶり焼きにする。甘辛いたれをつけたものと塩味のものが選べる。

يتكوّن الياكيتوري من قطع صغيرة من الدجاج أو لحم البقر أو لحم الخنزير تُغرز في عيدان خيزران ثم تُشوى. يمكنك أن تطلبها بنكهة صلصة فول الصويا (تاري) أو متبّلة بالملح (شيبو).

食事のマナー
آداب المائدة

ご飯、汁物を食べるときは、茶碗、汁椀を胸のあたりまで持ち上げる。

من العادات الجيدة أن ترفع الأطباق إلى مستوى الصدر عند تناول الأرز أو احتساء المرقة.

刺身の盛り合せや漬物など共用の箸が添えられているものは、その箸を使って少量を自分の皿に取り分ける。

عند تناول السمك النيء الطازج (ساشيمي) أو المخللات (تسوكيمونو) المقدّمة في طبق مع أعواد أكل إضافية، فيجب استعمال هذه الأعواد لالتقاط الطعام ووضعه في طبقك.

汁物をいただくときは椀や器に直接口をつけて静かにいただく。

قم باحتساء المرقة أو أطباق السو أثل مباشرة من الطبق المجوّف بدون إصدار أصوات ممّن مزعجة.

茶碗のご飯は最後のひと粒まで残さず食べる。食べ終わったら箸をきちんと箸置きにおいて、食べ始めの状態に戻す。

من المعتاد عليه في اليابان هو أن تأكل كل الأرز الموجود في طبقك حتى آخر حبّة. وبعد أن الانتهاء من تناول الأرز وجبتك، ضع أعواد الأكل على مسند أعواد الأكل حيث كانت عندما بدأت.

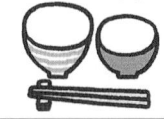

يقول اليابانيون "إيتاداكيماسو" قبل تناول الطعام و "غوتشيسوساما" بعد الانتهاء. ※
وكلتا الكلمتين تعبيرات عن الامتنان للشخص الذي حضّر الطعام.

日本の生活

الحياة في اليابان

Japanese way of life

すまい

المساكن

日本の住居は独立した一戸建てと、複数の住居が一棟を構成する集合住宅とに大別される。地価の高い都心では庭付きの一戸建てに住むのは難しく、マンションなどの集合住宅が人気。

يمكن تقسيم المساكن اليابانية إلى فئتين، المنازل الخاصة والشقق/والمجمعات السكنية. والأخيرة هي الأكثر شيوعًا في المدن الكبيرة حيث ترتفع تكاليف المعيشة بصورة باهظة.

[和室] غرفة يابانية

伝統的な日本特有の部屋。床はイグサで作られた畳を敷き詰め、空間は、紙と木で作られた障子で仕切られている。靴、上履きのような履物は脱いで入る。

يتكوّن الديكور الياباني النموذجي من أرضيات مغطاة بحصائر مصنوعة من القش، وتنقسم الغرف عن بعضها البعض بأبواب منزلقة مصنوعة من الخشب والورق. يتم خلع الأحذية قبل دخول منزل ياباني.

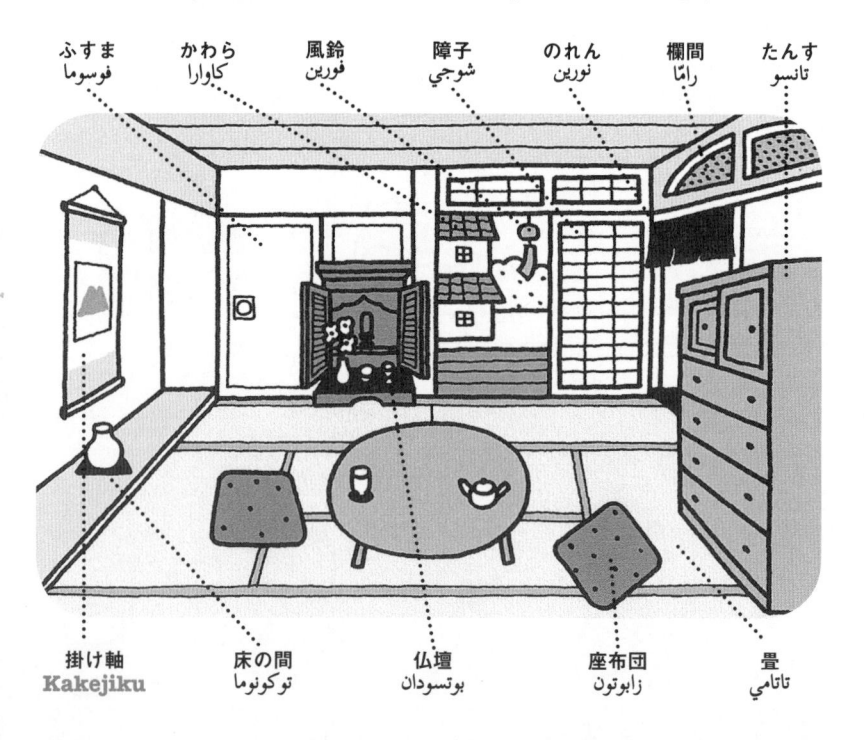

エジプトにも ○○ は ありますか？

هل لديك ○○ في مصر؟

ハル ラダイカ ○○ フィー ミスル

Do you also have ○○ in Egypt ?

- ふすま / فوسوما
- かわら / كاوارا
- 風鈴 / فورين
- 障子 / شوجي
- のれん / نورين
- 欄間 / رامّا
- たんす / تانسو
- 掛け軸 / **Kakejiku**
- 床の間 / توكونوما
- 仏壇 / بوتسودان
- 座布団 / زابوتون
- 畳 / تاتامي

娯楽

غوراكو

[プリクラ] بوريكورا

設置された画面を操作しながら写真を撮り、数十秒でシールにできる機械。特に女子学生に人気。

كشك تصوير تلقائي يقوم فيه الزبائن بتشغيل المفاتيح أو لمس الشاشة لالتقاط صور لهم. تُطبع الصور على ملصقات صغيرة خلال أقل من دقيقة.

بوريكورا ("نادي الطباعة") يحظى بشعبية واسعة بين طالبات المدارس.

[カラオケ] كاراؤوكيه

街のいたるところにカラオケ店があり、老若男女に楽しまれている。

تنتشر أماكن الكاراؤوكي في جميع أنحاء المدن حيث يقوم الرجال والنساء من جميع الأعمار بالاستمتاع بغناء الكار أوكي (الغناء بمصاحبة الموسيقى).

[パチンコ] باتشينكو

パチンコは、大人向けの娯楽の代表である。遊ぶことができるのは18歳から。機種ごとにルールは異なる。玉がたくさんたまったら景品に交換できる。

"باتشينكو" هو أحد أشهر الأماكن الترفيهية للبالغين في اليابان. يجب أن تتجاوز الثامنة عشر عامًا كي تتمكن من لعب الباتشينكو، تختلف قواعد اللعبة من نوع الماكينة، إذا فزت بكور معدنية كافية، يمكنك بكور معدنية كافية، يمكنك

[ゲームセンター] مركز الألعاب (غيم سنتر)

さまざまなゲーム機器が揃っている遊技施設。子供だけではなく、学生やサラリーマンが楽しむ姿も多くみられる。

محل ترفيهي يحتوي على أماكن ألعاب فيديو متنوعة. الاستمتاع بلعب ألعاب الفيديو في هذه المنشآت لا يقتصر على الأطفال بل يحظى بإقبال واسع أيضًا من قبل الطلاب والموظفين.

[麻雀] ما جونغ

1920年代に中国から伝わったゲーム。最初に13個の牌を持ち、トランプのように引いては捨て、を繰り返し、決まった組み合わせを揃える。

ما جونغ هي لعبة جاءت إلى اليابان من الصين في عشرينيات القرن الماضي. يبدأ كل اللعب بثلاث عشرة قرميدة (باي). يقوم اللا عبين بسحب ونبذ القطع بالتناوب لجمع قرميدهم في تشكيلات معينة متفق عليها مسبقًا، بطريقة مشابهة للعب الورق.

私の国を紹介します
نبذة عن اليابان!

[マンガ喫茶] مانغا كيسا

一定の料金を支払えば、ドリンクや軽食と共にマンガや雑誌を閲覧できる店。インターネットや仮眠施設を備えているところも多い。

مانغا كيسا هو مقهى يمكنك فيه قراءة الكتب ومجلات القصص المصورة بينما تستمتع بتناول مشروبات ووجبات خفيفة. تُحسب التكلفة في هذه المقاهي عادة بالساعة. توفر الكثير من مقاهي مانغا كيسا أجهزة كمبيوتر لاستخدام الإنترنت وحجرات صغيرة خاصة للاستراحة.

[競馬・競輪・競艇]
كييبا/كيرين/كيوتي

日本で法的に認められているギャンブル。競馬は国内に点在する競馬場や場外発売所で馬券を購入できる。

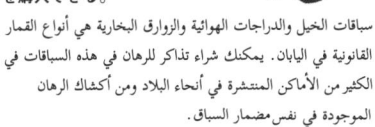

سباقات الخيل والدراجات الهوائية والزوارق البخارية هي أنواع القمار القانونية في اليابان. يمكنك شراء تذاكر للرهان في هذه السباقات في الكثير من الأماكن المنتشرة في أنحاء البلاد ومن أكشاك الرهان الموجودة في نفس مضمار السباق.

[温泉] أونسين

世界有数の火山国である日本には温泉が数多くある。泉質によってさまざまな効能があるが、何よりリラックスできるので多くの人が温泉を訪れる。

توجد في اليابان الكثير من ينابيع المياه الحارة (أونسين) نظرًا لكونها إحدى أكثر دول العالم النشطة بركانيًا. يُقال أن الأونسين له مؤثرات علاجية متنوعة وذلك تبعًا لجودة المياه، ولكن الأهم من ذلك، هو أنه مصدر للراحة والاسترخاء. يزور الكثير من الناس الأونسين في العطلات.

column ～「エジプトアラビア語」マスターへの道～

日本とエジプトの関係

●サムライ遣欧使節、ピラミッドへ

日本人で最初にエジプトを訪れたのは、幕末日本からヨーロッパへ派遣された遣欧使節団の面々である。1863年、ヨーロッパへ向かう途上の彼らがエジプト観光をし、スフィンクスの前で記念撮影をした写真が残っている。このころスエズ運河は未完成だが（1869年開通）、陸路も使えばエジプトは日本からヨーロッパへの最短ルートにあたったのだ。巨大な遺跡を目の辺りにした侍たちはさぞかし驚いたことだろうが、ちょんまげ姿の侍たちを見たエジプト人たちも驚いたに違いない。なお、写真こそは残っていないが、この前年にはかの福澤諭吉も使節団の一員としてエジプトに立ち寄り、「カイロは今は落ちぶれて見るに足らない。今も目を驚かせるのはピラミッドくらいだ」（『西航記』）と書き残している。

●富国強兵のお手本

明治政府は富国強兵のため、広く諸外国に学ぼうとした。なかでもエジプトはムハンマド・アリー以来、他のアジア・アフリカ諸国に先がけて近代化をなしとげ、欧米相手に互角に渡り合える後発国のお手本と目された。官僚たちは欧米との不平等条約を改正するためにエジプトの裁判制度を調査し、1881年にエジプトで起こったウラービーの反乱はイギリスの支配に抗する運動として、多くの日本人が注目した。しかし、日本が帝国主義の道を歩み出す一方、エジプトはイギリスの半植民地へと転落し、両国の立場は逆転してしまう。エジプトでは日露戦争に勝利した日本のことをほめたたえる『日本の乙女』という詩が流行したが、日本はエジプトの宗主国イギリスと同盟を結んでいたのである。

●ナセルはアラブの大統領

戦後、イギリスの支配から脱したエジプトに、ナセルが登場する。英仏の管理するスエズ運河を接収し、アラブ諸国の大団結を訴える彼は、第三世界のリーダーとして周恩来やネルーらと並び称された。特に1958年からわずか3年間ではあるが、エジプトはシリアと合併し、ナセルはアラブ連合共和国の単独の大統領となった。この歴史的事件にちなんで「なせばなる、なさねばならぬなにごとも、ナセルはアラブの大統領」という流行語が生まれたが、この言葉の初出は人気マンガ『天才バカボン』の一コマである（「わしの生まれたはじめなのだ」の巻）。ある年代以上の日本人にとってはおなじみのナンセンス・ギャグだが、それほどまでにエジプトが日本人の注目を集めていた時代だったのだ。

●おしんとジャッキー・シャン

今でもエジプト人は日本人観光客を見ると、男性なら「ジャッキーシャーン！（ジャッキー・チェンのこと）」、女性なら「オシーン！」と呼びかけることがある。前者はもちろん香港（中国）の映画スターであり完全な誤解だが、後者は日本のテレビドラマ「おしん」のことを指す。1980年代にこのドラマはエジプトで放映されて大いに人気を博したため、彼らは日本人女性を見ると「おしん」と呼ぶのである。近年では「キャプテン翼（エジプトでは「カブテン・マーゲド」）」や「ポケモン」など日本のアニメがエジプトで人気を呼ぶ一方、ベリーダンスなどエジプト発の文化が日本でも流行の兆しを見せている。ポピュラーカルチャーの交流を通して、両国の関係は新たな段階に進もうとしている。

エジプトで会話を楽しむための基本情報が満載

知っておこう

エジプトまるわかり ——————————— 126
エジプトアラビア語が上達する文法講座 ————— 128
エジプトにまつわる雑学ガイド ——————— 134
50音順エジプトアラビア語単語帳(日本語→エジプトアラビア語) - 136

エジプトまるわかり

エジプト・アラブ共和国　　جمهورية مصر العربية

国のあらまし　エジプト VS 日本

	エジプト・アラブ共和国	日本
面積	100万1449km² (エジプトは日本の2.6倍の広さ)	37万7914.78km²
人口	約7592万6000人 (2008年)	約1億2752万9000人 (2009年)
国花	睡蓮	桜
国歌	Biladi Biladi「我が祖国」	君が代
首都	カイロ (人口約675万8581人、2006年)	東京 (人口約1299万3440人、2009年)
言語	アラビア語	日本語

※エジプト、カイロの人口はエジプト中央公共流通統計局データ。
カイロの人口は行政区分のカイロ県を範囲とする

エジプト　旅のヒント

【時差】
日本とエジプトとの間の時差は7時間で、エジプトの方が日本より遅れている。日本が正午のとき、エジプトでは午前5時。サマータイムは4月末から9月末、時差は6時間。

【通貨】
エジプトポンド（£E）、補助通貨としてピアストル（PT）がある。1エジプトポンドは100ピアストル。1£E＝約16.58円（2010年2月現在）

【電圧】
220ボルト/50ヘルツ。日本(100ボルト/50～60ヘルツ)とは異なるので、日本の家電製品を使う場合は、変圧器とアダプターを用意しよう。

【チップ】
ホテルのポーターや枕銭、ルームサービスには5£E程度。レストランでは食料料金の10～15％が目安。勘定にサービス料が含まれている場合も、サービスに応じて5％程度渡す。タクシーはつり銭分くらいを置く。

【郵便】
切手はホテルのフロントや売店のほか、町中の雑貨店でも購入できる。投函はホテルのフロントに設置されたポストか、郵便局からが無難。町中にもポストがあるが郵便局で投函するのが安全。日本へは、はがきが1.50£E、封書も10gまでは1.50£E。1週間程度で届く。

温度比較

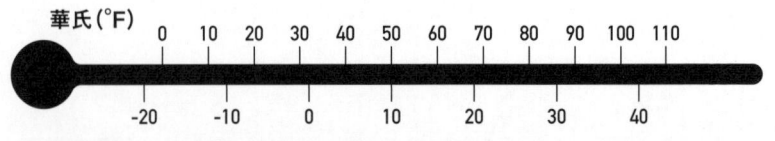

華氏(°F)　0　10　20　30　40　50　60　70　80　90　100　110

摂氏(℃)　-20　-10　0　10　20　30　40

温度表示の算出の仕方　℃＝(°F−32)÷1.8　°F＝(℃×1.8)+32

★出入国に関するエジプトアラビア語→P137、電話・通信→P139、両替→P141

度量衡

長さ

メートル法		ヤード・ポンド法				尺貫法			
メートル	キロ	インチ	フィート	ヤード	マイル	海里	寸	尺	間
1	0.001	39.370	3.281	1.094	-	-	33.00	3.300	0.550
1000	1	39370	3281	1094.1	0.621	0.540	33000	3300	550.0
0.025	-	1	0.083	0.028	-	-	0.838	0.084	0.014
0.305	-	12.00	1	0.333	-	-	10.058	1.006	0.168
0.914	0.0009	36.00	3.00	1	0.0006	0.0004	30.175	3.017	0.503
1609	1.609	63360	5280	1760	1	0.869	53107	5310.7	885.12
0.030	-	1.193	0.099	0.033	-	-	1	0.100	0.017
0.303	0.0003	11.930	0.994	0.331	0.0002	0.0002	10.00	1	0.167
1.818	0.002	71.583	5.965	1.988	0.001	0.0009	60.00	6.00	1

重さ

メートル法			ヤード・ポンド法		尺貫法		
グラム	キログラム	トン	オンス	ポンド	匁	貫	斤
1	0.001	-	0.035	0.002	0.267	0.0003	0.002
1000	1	0.001	35.274	2.205	266.667	0.267	1.667
-	1000	1	35274	2204.6	266667	266.667	1666.67
28.349	0.028	0.00003	1	0.0625	7.560	0.008	0.047
453.59	0.453	0.0005	16.00	1	120.958	0.121	0.756
3.750	0.004	-	0.132	0.008	1	0.001	0.006
3750	3.750	0.004	132.2	8.267	1000	1	6.250
600.0	0.600	0.0006	21.164	1.322	160.0	0.160	1

面積

メートル法		ヤード・ポンド法		尺貫法		
アール	平方キロメートル	エーカー	平方マイル	坪	反	町
1	0.0001	0.025	0.00004	30.250	0.100	0.010
10000	1	247.11	0.386	302500	1008.3	100.83
40.469	0.004	1	0.0016	1224.12	4.080	0.408
25906	2.59067	640.0	1	783443	2611.42	261.14
0.033	0.000003	0.0008	-	1	0.003	0.0003
9.917	0.00099	0.245	0.0004	300.0	1	0.100
99.174	0.0099	2.450	0.004	3000.0	10.000	1

体積

メートル法			ヤード・ポンド法		尺貫法		
立方センチ	リットル	立方メートル	クォート	米ガロン	合	升	斗
1	0.001	0.000001	0.0011	0.0002	0.006	0.0006	0.00006
1000	1	0.001	1.057	0.264	5.543	0.554	0.055
-	1000	1	1056.8	264.19	5543.5	554.35	55.435
946.35	0.946	0.0009	1	0.25	5.246	0.525	0.052
3785.4	3.785	0.004	4.00	1	20.983	2.098	0.210
180.39	0.180	0.00018	0.191	0.048	1	0.100	0.010
1803.9	1.804	0.0018	1.906	0.476	10.00	1	0.100
18039	18.04	0.018	19.060	4.766	100.00	10.00	1

華氏(°F)	96	97	98	99	100	101	102	103	104	105	106	107	108
摂氏(°C)	35.5	36.1	36.6	37.2	37.7	38.3	38.8	39.4	40.0	40.5	41.1	41.6	42.2

★エジプトではメートル法が公式採用されている。

アラビア語が上達する文法講座

講座1　文字と発音について知ろう

アラビア文字は、右から左へと書かれる ★。また「ミミズ文字」と呼ばれているとおり、文字をつなげて書く。そのため、アラビア文字には独立体（その文字を1文字だけ書く場合の形。下表の左端）のほか、語頭形、語中形、語尾形がある。ミミズにならない文字が6つあり、それらは語中形と語尾形が同形だ。アラビア文字のアルファベット28文字のほかに2文字（ハムザとター・マルブータ）があるので、それも覚えておこう。

文字	名称	語尾形	語中形	語頭形	エジプト方言での発音
ا	アリフ	ـا		ا	語頭の短母音や長母音「アー」
ب	バー	ـب	ـبـ	بـ	b
ت	ター	ـت	ـتـ	تـ	t
ث	サー	ـث	ـثـ	ثـ	エジプト方言では s か t
ج	ジーム	ـج	ـجـ	جـ	エジプト方言では g だが、外来語などで j の発音になることも
ح	ハー	ـح	ـحـ	حـ	かじかんだ手を温めるときの「ハーッ」のように、ノドの奥から出す h
خ	ハー	ـخ	ـخـ	خـ	軟口蓋かのノドヒコに舌の奥を近付けて摩擦する、いびきのような音
د	ダール	ـد		د	d
ذ	ザール	ـذ		ذ	エジプト方言では z か d
ر	ラー	ـر		ر	巻き舌の r だが、l にならなければ、日本語のラ行の発音で代用可
ز	ザーイ	ـز		ز	z
س	スィーン	ـس	ـسـ	سـ	s
ش	シーン	ـش	ـشـ	شـ	英語の sh と同じ

★本書ではアラビア語は右から左、アラビア語読みは左から右に記載。また発音はエジプト方言（→P110）を掲載している

ص	サード	ـص	ـصـ	صـ	舌の中ほどを窪ませる、こもったs
ض	ダード	ـض	ـضـ	ضـ	舌の中ほどを窪ませる、こもったd
ط	ター	ـط	ـطـ	طـ	舌の中ほどを窪ませる、こもったt
ظ	ザー	ـظ	ـظـ	ظـ	エジプト方言ではこもったz またはこもったd
ع	アイン	ـع	ـعـ	عـ	咽頭を狭め、咽頭で摩擦させる。ح（ハー）の有声音
غ	ガイン	ـغ	ـغـ	غـ	軟口蓋かノドヒコに舌の奥を近付けて摩擦する。ح（ハー）の有声音
ف	ファー	ـف	ـفـ	فـ	f
ق	カーフ	ـق	ـقـ	قـ	一般には、声門破裂音（後述のハムザ）。一部の単語では、kより奥で破裂させる無声音となる
ك	カーフ	ـك	ـكـ	كـ	k
ل	ラーム	ـل	ـلـ	لـ	l
م	ミーム	ـم	ـمـ	مـ	m
ن	ヌーン	ـن	ـنـ	نـ	n
ه	ハー	ـه	ـهـ	هـ	h
و	ワーウ	ـو		و	wだが、二重母音「アウ」の「ウ」や、長母音「ウー」も表す
ي	ヤー	ـي	ـيـ	يـ	yだが、二重母音「アイ」の「イ」や、長母音「イー」も表す
ء	ハムザ	ى و ا を台にするか、単独で書かれる。			声門破裂音。日本人が「ア、イ、ウ、エ、オ」を発音すれば、声門は自然に破裂するので、あまり気にしなくてよい。
ة	ター・マルブータ	ـة	なし		tの発音になる場合と、読まれない場合とがある。

★なお、**ラーム＋アリフ**のつなげ方は、独立形と語頭形が لا 、語中形と語尾形が ـلا となる。

知っておこう

■母音

アラビア文字は基本的には母音を表さない。母音記号はコーランやアラビア語初級者向けの印刷物以外では省略されることが多い。短母音は「a」「i」「u」の3種類。本書では、それぞれ、「ア」「イ」「ウ」で表している。長母音は、本来の「ā」「ī」「ū」の3つに加え、二重母音の「ai」「au」が変化した「ē」「ō」がある。本書では、基本的には、「アー」「イー」「ウー」「エー」「オー」と表記するが、発音のルール上、これらが短母音化してしまった場合は「ア」「イ」「ウ」「エ」「オ」と表記する。二重母音は「ai」「au」の2つで、それぞれ「アイ」「アウ」と表す。なお、母音を伴わず、子音のみを発音する場合には「スクーン」という記号が付く。本書では、ダンマの場合と区別が難しくなってしまうのだが、スクーン付きになる場合を、「ク」「ス」「ズ」「ト」「ド」…など、ウ段やオ段の文字で示している。

●母音記号を子音字と組み合わせた例

名称	記号	発音	例
ファトハ	َ	「ア」	بَ ba
カスラ	ِ	「イ」「エ」	بِ bi
ダンマ	ُ	「ウ」「オ」	بُ bu
スクーン	ْ	(無母音)	بْ b

講座2 名詞や代名詞の変化形を知ろう

■名詞

●性の区別

アラビア語の名詞や固有名詞は、男性と女性に分けられる。区別の基準は比較的簡単。以下に、どのような名詞が女性名詞かを示す。これら以外が男性名詞だ。

1. もともと女性を意味する名詞

例) 母 أم (オンム)、娘 بنت (ベント)

2. ター・マルブータ（ة）で終わる名詞のほとんど

例) 学校 مدرسة (マドラサ)、時計 ساعة (サーア)

なお、人間の男性を表す名詞の語尾に、ター・マルブータを付けると、対応する女性になることが多い。

例) 王 ملك (マレク) →女王、王妃 ملكة (マレカ)

3. 大部分の地名

例) エジプト مصر (マスル)、日本 اليابان (エル ヤバーン)

★例外) レバノン لبنان (レブナーン)、イラク العراق (エル エラーッ) などは男性名詞。

4. 体の部分で左右一対のもの

例) 手 يد (イード)、目 عين (エーン)

5. 理由はわからないが、慣習で女性に分類される名詞　※数は少ない

例) 太陽 الشمس (エッシャムス)、戦争 حرب (ハルブ)

なお、正則アラビア語で男性名詞の、頭 رأس (ラース)、腹 بطن (バトン) などが、エジプト方言では女性名詞に分類されるといった現象もある。

●名詞の数

名詞には、単数形と複数形のほか、双数形という2を表す形がある。数えられない名詞には、双数形はない。例えば「雨 مطر (マタル)」など。だが、أمطار (アムタール) という複数形はある。不思議だが、当面、特に気にする必要はない。
1) 双数形は名詞の語尾に「…エーン」を付けて作る。
2) 複数形は不規則なものが多いが、規則的な複数形語尾もある。
　　男性の規則的な複数形語尾は「…イーン」、女性の規則的な複数形語尾は「…アート」である。

	男性の規則複数	女性の規則複数	不規則な複数形	
	イスラーム教徒 (男性名詞)	イスラーム教徒 (女性名詞)	ピラミッド (男性名詞)	目 (女性名詞)
単数形	مسلم (モスレム)	مسلمة (モスレマ)	هرم (ハラム)	عين (エーン)
双数形	مسلمين (モスレメーン)	مسلمتين (モスレマテーン)	هرمين (ハラメーン)	عينين (エネーン)
複数形	مسلمين (モスレミーン)	مسلمات (モスレマート)	أهرام (アハラーム)	عيون (オユーン)

ただし、外来語などには、男性名詞でも女性の複数形語尾をとるものがある。

	電話 (男性名詞)	Eメール (男性名詞)	ラジオ (男性名詞)
単数形	تلفون (テレフォーン)	إيميل (イメール)	راديو (ラディヨ)
複数形	تلفونات (テレフォナート)	إيميلات (イメラート)	راديوهات (ラディヨハート)

●定冠詞の付け方

定冠詞は ال (エル) で、名詞の前に付ける。ただし、最初の「エ」は、文頭以外では発音されない。また、後ろの「ル」は、カ行 (ق を除く)、ガ行 (غ を除く)、サ行、シャ行、ザ行、タ行 (ツを除く)、ダ行 (ヅを除く)、ナ行、ラ行の音の前では、それらの子音に同化する。例えば、ラクダ (非限定) جمل (ガマル) が、ラクダ (限定) الجمل (エッ　ガマル) などとなる。

■形容詞

形容詞も、名詞のように性数の変化をする。形容詞で名詞を修飾するときは、名詞の限定/非限定、性、数と、形容詞のそれらとを一致させなければならない。ただし、人間以外 (動植物、物、事柄) の複数は、女性単数扱いする規則なので、人間以外の複数を表す名詞は、女性単数形の形容詞で修飾する。なお、基本色を表す形容詞の女性形は、特別な型をとるので注意しよう。

例)「美しい」	単数	複数
男性	جميل (ガミール)	جمال (ゴマール)
女性	جميلة (ガミーラ)	

例) 古い大型バス (単数) أوتوبيس قديم (オトビース　アディーム)
　→古い大型バス (複数) أوتوبيسات قديمه (オトビサート　アディーマ)
赤い (男性) أحمر (アハマル) → 赤い (女性) حمرا (ハムラ)
黄色い (男性) أصفر (アスファル) → 黄色い (女性) صفرا (サフラ)

■代名詞
●人称代名詞
人称代名詞は、主格（〜は）を示す独立形と、所有格（〜の）と目的格（〜を）を示す非分離形の2種類がある。「私（単数）」のみ、所有格の ـي‥（イ）と、目的格の ـني‥（ニ）を区別する。
非分離形代名詞は、名詞や前置詞、動詞の後ろに、分離させずに置く。

	単数		双数・複数（同形）	
	独立形	非分離形	独立形	非分離形
3人称男性（彼、彼たち）	هو （ホウワ）	ـه‥ （ホ、オ）	ـهم‥ （ホム）	هم （ホム）
3人称女性（彼女、彼女たち）	هي （ヘイヤ）	ـها‥ （ハ）		
2人称男性（あなた、あなたたち）	أنت （エンタ）	ـك‥ （アック、ク）	ـكم‥ （コ）	أنتم （エント）
2人称女性（あなた、あなたたち）	أنت （エンティ）	ـك‥ （エック、キ）		
1人称（私、私たち）	أنا （アナ）	ـي／ـني‥ （ニ／イ）	ـنا‥ （ナ）	إحنا （エフナ）

例）彼女の名前 اسمها （エスマ＋ハ）　　　　彼らと一緒に معهم （マアー＋ホム）

●指示詞
指示詞は一種類で、男性単数が ده「ダ」、女性単数（および、人間以外の複数）が دي「ディ」、人間の双数および複数が دول「ドール」と変化する。
指示代名詞として使う場合は、これらを主語として文頭に置き、述語に非限定の名詞や形容詞をもってくる。指示形容詞として使う場合は、定冠詞付きの名詞の後ろに、指示代名詞を置く。

これはパスポートです　ده باسبور （ダ　バスボール）
このパスポート　الباسبور ده （エル　バスボール　ダ）

講座3　動詞の活用を知ろう

■「AはBです」の文型

「AはBです」という文は、「主語＋述語」だけでOK。主語は限定された名詞、固有名詞、代名詞。述語は非限定の名詞や形容詞、前置詞句となる。「AはBですか？」という疑問文は、「AはBです」の文を尻上がりに言うだけ。「AはBではない」という否定文は、Bの前に مش（メシュ）を置く。

サイードはエジプト人です　سعيد مصري （サイード　マスリ↓）
サイードはエジプト人ですか？　سعيد مصري （サイード　マスリ↑）
私は日本からです（日本出身です）　أنا من اليابان （アナ　メネルヤバーン↓）
私は日本出身ではない　أنا مش من اليابان （アナ　メシュ　メネルヤバーン↓）

■動詞

語順は、主語＋動詞（＋目的語）となる。動詞には完了形（過去形）と未完了形（現在形・未来形）の2つがある。アラビア語の動詞の基本形は、3人称男性単数「彼」の完了形だ。この形がいちばんシンプルで、辞書の見出し語もこの形である。
完了形は主語の性や数に応じて語尾変化し、未完了形は主語の性や数に応じて語頭と語尾が変化する。ここでは「書く」動詞を例に変化を示す。

	完了形		未完了形	
	単数	複数	単数	複数
3人称男性	كتب (カタブ)	كتبوا (カタブ)	يكتب (イェクテブ)	يكتبوا (イェクテブ)
3人称女性	كتبت (カタベト)		تكتب (テクテブ)	
2人称男性	كتبت (カタブト)	كتبتم (カタブト)	تكتب (テクテブ)	تكتبوا (テクテブ)
2人称女性	كتبتي (カタブティ)		تكتبتي (テクテビ)	
1人称	كتبت (カタブト)	كتبنا (カタブナ)	أكتب (アクテブ)	نكتب (ネクテブ)

完了形はこのままの形で過去を表す。未完了形は、現在を表すには、その前に بـ... ベ を付け、未来を表すには前に حـ.. / هـ.. ハ を付ける。
完了形を否定するには、動詞を、ما ... ش (マ…シュ) ではさむ。
ムハンマドは手紙を書かなかった محمد ماكتبش جواب (マハンマド マ カタブ シュ ガワーブ↓)
未完了形の現在を否定するには、やはり、動詞を、ما ... ش (マ…シュ) ではさむ。
彼らはアラビア語を書いていない مابيكتبوش عربي (マ ベイェクトブーシュ アラビ↓)
未完了形の未来を否定するには、動詞の前に、مش (メシュ) を置く。
彼は明日帰ってこないだろう مش هيرجع بكرة (メシュ ハイェルガア ボクラ↓)

また、未完了形は、「ベ…」「ハ…」を付けずに「～すること」の意味で、別の動詞などの後に続く。
私たちは手紙を書くことができる ممكن نكتب جواب (モムケン ネクトブ ガワーブ↓)
あるいは、単独で意志や普遍を表す。
お茶を飲みますか？ تشرب شاي (テシュラブ シャーイ↑)
上記は自分がお茶を入れるとか、おごる場合。これに対し、بتشرب (ビテシュラブ) を使うと、相手が今、あるいは習慣的にお茶を飲んでいるのか尋ねる聞き方になる。

●能動分詞形

「～したい、欲する」を意味する動詞 عاز を例に、アラビア語の能動分詞の語尾変化を示す。

	単数	複数
男性	عاوز (アーウェズ)	عاوزين (アウズィーン)
女性	عاوزة (アウザ)	

能動分詞形は、もとになっている動詞により、現在を表すこともあれば、直前に完了していることを表したり、近未来を表すこともある。

「住む」 سكن セケン → 「今現在、住んでいる」 ساكن サーケン
「飲む」 شرب シェレブ → 「今飲んだところだ」 شارب シャーレブ
「行く」 راح ラーハ → 「これから行くところだ」 رايح ラーイェフ

■疑問詞

エジプト方言では、「何？」「どこ？」などの疑問詞を、文末に持ってくるのが普通。
あなたの名前は何ですか？ اسمك إيه (エスマック エー↓)
あなたの家はどこですか？ بيتك فين (ベータック フェーン↓)

エジプトにまつわる雑学ガイド

1 ミクロバスでのボディ・ランゲージ

ミクロバスを乗りこなせれば、かなりのエジプト通。白いミニバンで（トヨタ車多し）、走行中もドアを全開にして「タハリール、タハリール！」「ラムスィース、ラムスィース！」などと行き先を大声で連呼するお兄さんが乗っているのがそれだ。「コミサーリ」と呼ばれる彼らはときに、顔の横に手を立ててチョップをするように前後に振ったり、招き猫のように手を振ったりと、いろんなジェスチャーをしていることがある。実はこれ、目的地を示すサインなのだ。カイロの中心、タハリール広場にまっすぐ向かうときはチョップ、タハリールを越えてラムセス駅まで向かうときは招き猫、と言う具合。ほかにも、ピラミッド通りに向かうサインは指で三角形を描く。路線によってジェスチャーも細かく違うらしく、地元の人もすべて把握しているわけではない。通りでミクロバスを見かけたら、チェックしてみよう。

2 なんでもごちゃ混ぜ コシャリとコクテール

エジプトのソウルフード、コシャリ（→P35）。元々はインドのキチュリという料理がエジプトに入ってきた物らしいが、エジプトで発達した独自料理といっていい。パスタとマカロニの上に盛られたソースや具を、ぐちゃぐちゃとかき混ぜるのがカイロっ子の流儀だが、そこから「コシャリ」という言葉に「かき混ぜる」という意味が加わった。例えば、熱湯に茶葉と砂糖を入れてかき混ぜただけの紅茶を「シャーイ・コシャリ」と呼ぶように使う。

もう一つ、似たような言葉に「コクテール」がある。語源は英語の「カクテル」だが、おおっぴらにお酒を飲むことを嫌うエジプトでは、イチゴやバナナやマンゴーなどを混ぜ合わせたミックスジュースのことをこの名前で呼ぶ。そしてここでも、「混ぜ合わせる」という意味が広がった。たとえば街角の音楽テープの店に行き、はやりの曲を見繕ってほしいと注文する。すると店員が自分の趣味で10曲ほど選曲したものを、カセットテープにダビングしてくれる。こうしてできたオリジナルの名曲集を「コクテール」と呼ぶのだ。

3 エジプトの統治者で一番多い名前は？

5000年におよぶ長いエジプトの歴史を、統治者の名前で切り取ってみよう。統治者と言ってもエジプトには、ファラオもいればスルタンもいるし、王様も大統領もいる。ここでは少し乱暴だが、それらすべてを引っくるめて、同じ名前を持つ人物を数えてみよう。

1番多い人名はプトレマイオスで14人。王朝創始者のプトレマイオス1世から14世までが、ほとんど間を置かずに計267年もの間エジプトを統治した。この王朝では男子の後継者がみな同じ名を名乗ったために、プトレマイオスの長期量産体制が実現したのだ。なかでも最長在位はプトレマイオス2世。父である1世の後を継いで、39年間エジプトに繁栄をもたらした。

2番目に多い名前はムハンマド。イスラーム教徒は預言者ムハンマドにちなんで子供にこの名前を付けることが多いため、イスラーム時代以降の統治者にはしばしばこの名が現れるのだ。数えると、11人のムハンマドが計181年間にわたってエジプトを統治している。そのなかでも最長はムハンマド・アリー（43年間）。その後をマムルーク朝のナースィル・ムハンマド（42年間）、現大統領のムハンマド・ホスニー・ムバーラク（2010年現在で29年間）と続いている。

3番目に多い名前はラムセス。人数では11人とムハンマドに並ぶが、統治期間は計172年とやや少ない。そのうちの66年間はラムセス2世ひとりの在位である。彼の権勢があまりにも偉大だったので、それ以後のファラオが彼にあやかりラムセスを名乗ったという。

さて、この3つの名前のなかで、今後ののびしろがあるのはムハンマドだろう。ムハンマド君なら今のエジプトではごくありふれた名前だが、ラムセス君はかなり珍しいし、プトレマイオス君となると皆無だ。今後のがんばり次第で、ムハンマド名の統治者がプトレマイオスを抜くのも近いかもしれない。

4 壺とコップにみるザカーの精神

イスラーム地区などを歩いていると、道に素焼きの壺（エドラ）が置いてあるのを見かける。中には水が入っており、素焼きが気化熱を放散するので中の水は常に冷たい。通りすがりの人がその壺から水を飲みそのまま立ち去っていく、なんていう光景が繰り広げられるのだ。この壺は、地域住民がお金を出し合い、公共の福祉のために寄付したものだ。寄付された物は、誰でも必要なときに使ってよい。これがイスラームの五行の一つ、「ザカー」とよばれる寄付行為である。（→P76）

所変わって、庶民的なレストランのテーブルには、必ずアルミ製のコップと水差しが置いてある。飲みたい人は勝手に水を注いで飲んでよく、入れ替わり訪れる客がみな同じコップを使い回して飲む姿が見られる。これもまた「ザカー」と同じく、イスラームの助け合いの精神が生かされたものだ。ザカーの精神を分かち合いたい人は、間接キスになることを恐れず、同じコップでグビッとやってみてもいいだろう。もちろん、衛生面に気を配りたいならそのコップは使わない方が賢明だ。

日本語 ➡ エジプトアラビア語

50音順エジプトアラビア語単語帳

※「食べよう」のシーンでよく使う単語には🍴印がついています
※「買おう」のシーンでよく使う単語には🛍印がついています
※「伝えよう」のシーンでよく使う単語には💬印がついています
※動詞は3人称男性単数完了形、形容詞ほかも男性単数形のみを掲載しています

あ

日本語	アラビア語	読み
(○○に)会う	شاف	シャーフ
空きの(空席の)	فاضي	ファーディ
開ける	فتح	ファタハ
あさって	بعد بكرة	バアデ ボクラ
あした	بكرة	ボクラ
預ける(荷物を)	ساب	サーブ
熱い(飲み物などが)	سخن	ソフン
後で 💬	بعدين	バアデーン
危ない	خطير	ハティール
雨	مطر	マタル
ありがとう 💬	شكرا	ショクラン
アレルギー	حساسية	ハサセイヤ
安全な	أمين	アミーン

い

胃 💬	معدة	メウダ
家	بيت	ベート
家(フラットなど集合住宅)	شقة	シャッア
医師	دكتور	ドクトール
椅子	كرسي	コルスィ
イスラーム	الإسلام	エル エスラーム
イスラーム教徒(男性)	مسلم	モスレム
イスラーム教徒(女性)	مسلمة	モスレマ
急ぐ 💬	مستعجل	メスタアゲル
痛み 💬	ألم	アラム
胃腸薬 💬	دوا هضم	ダワ ハドム
嫌がらせ	إزعاج	エズアーグ
入口	مدخل	マドハル

う

上	فوق	フォッ
受付	استقبال	エステッバール
受け取る	استلم	エスタラム
後ろ	ورا	ワラ
美しい 💬	جميل、حلو	ヘルゥ、ガミール
腕時計 🛍	ساعة يد	サーエト イード
売る	باع	バーア
うれしい 💬	مبسوط	マブスート
上着 🛍	جاكيت	ジャーキト
運賃	أجرة	オグラ
(車を)運転する	ساق	サーッ

え

エアコン	تكييف هواء	タクイーフ ハワ
エアコン付きバス	أوتوبيس مكيف	オトビース モカイヤフ
営業時間 🛍	وقت الشغل	ワッテッショゴル
駅	محطة	マハッタ
エスカレーター	سلم متحرك	セッレム ムタハッレク
絵はがき 🛍	كارت بستال	カルト ポスタール
エレベーター	أسانسير	アサンセール

お

おいしい 🍴💬	لذيذ、حلو	ヘルウ、ラズィーズ
応急処置	إسعافات أولية	エスアアファート アウワラネイヤ
横断歩道	عبور مشاة	オブール モシャー
終える	خلص	ハッラス
大きい	كبير	ケビール
丘	تل	タッル
屋上	سطوح	ソトゥーフ
送る	بعت	バアト
遅れる 💬	إتأخر	エトアッハル
教える 💬	درس	ダッレス
押す	زق	ザッ
遅い(時間)	متأخر	メトアッハル
遅い(スピード)	بطيء	バティーッ
落ち着いた(雰囲気が) 💬	هادي	ハーディ

136

日本語	アラビア語 / 読み	日本語	アラビア語 / 読み	日本語	アラビア語 / 読み
おつり ■	باقي バーイ	傘	شمسية シャムセイヤ	傷 (軽い傷)	جرح ガルフ
踊る	رقص ラッス	火事 ◎	حريق ハリーッ	きつい (衣服が) ■	ضيق ダイヤッ
お腹	بطن バトン	貸す	أجّر アッガル	気分が悪い ◎	تعبان タアバーン
お腹がすいた ◎	جعان ガアーン	風邪	برد バルド	キャンセルする ◎	لغى ラガ
おはよう	صباح الخير サバーヘル ヘール	数える	عدّ アッド	休暇	أجازة アガーザ
覚えている	فاكر ファーケル	肩	كتف ケテフ	救急車 ◎	عربية إسعاف アラベイイェト エスアーフ
思い出	ذكرى ゼクラ	硬い ◎	جامد ガーメド	教会	كنيسة ケニーサ
お湯 ◎	مية سخنة マイヤ ソフナ	カミソリ	موس ムース	教師	مدرّس モダッレス
降りる ◎	نزل ネゼル	カメラ	كاميرا カメラ	距離	مسافة マサーファ
降ろす (お金を)	سحب サハブ	辛い ◎	حراق ハッラーッ	嫌いだ ◎	كره ケレフ, カラハ
終わる	خلص ヘレス	借りる	استعار エスタアール	霧	ضباب ダバーブ
音楽	موسيقى ムスィーカ	河・川	نهر ナハル	緊急	طارئ ターリッ
か		かわいい ◎	قمور アンムール	金庫	خزنة ハズナ
会計 ■■	حساب ヘサーブ	環境	ظرف ザルフ	近所の	جنب ガンブ
改札口	بوابة تذاكر バウワーバト タザーキル	患者	عيان アイヤーン	緊張した ◎	متوتّر メトワッタル
会社	شركة シャレカ	乾燥した	ناشف ナーシェフ	筋肉	عضل アダル
会社員	موظف شركة モワッザフ シャレカ	看板	لوحة ローハ	**く**	
外出する	نزل ، خرج ハラグ, ネゼル	**き**		空港	مطار マタール
階段	سلّم セッレム	気温	درجة الحرارة ダラゲテル ハラーラ	空席	كرسي فاضي コルスィ ファーディ
ガイド	مرشد モルシェド				
返す	ردّ ، رجّع ラッガア, ロッド	★ 出入国編 ★			
帰る ◎	رجع レゲウ	入国審査	مراقبة الباسبورات	ムラッベテル バスボラート	
鏡 ■	مراية メラーヤ	検疫	حجر صحي	ハグル セッヒ	
カギ	مفتاح モフターハ	居住者/非居住者	غير مقيم / مقيم	モキーム/ゲール モキーム	
書く	كتب カタブ	パスポート	باسبور	バスボール	
学生	طالب ターレブ	ビザ	فيزا	ヴィザ	
確認する ◎	أكّد アッケド	サイン	إمضاء	エムダ	
		入国目的	هدف الزيارة	ハダフェッ ゼヤーラ	
		観光	سياحة	セヤーハ	
		商用	تجارة	テガーラ	
		滞在予定期間	فترة الإقامة	フェトラテル エカーマ	
		乗継ぎ	عبور	オブール	
		荷物受取所	استعادة الأمتعة	エステアーデテル アムテア	
		税関	جمرك	ゴムロク	
		免税/課税	فرض الضرايب / معافاة الضريبة	モアファーテッ ダリーバ/ファルデッ ダラーイェブ	

日本語	アラビア語 / 読み	日本語	アラビア語 / 読み	日本語	アラビア語 / 読み
くし	مشط / メシュト	硬貨 🔒	عملة معدنية / オムラ マアダネイヤ	財布 🔒	محفظة / マハファザ
薬 🔒	دوا / ダワ	交換する	اتبــادل مع ... / エトバーデル マア …	詐欺 ⓓ	غش / ゲッシュ
口紅 🔒	روج / ルージュ	航空券	تذكرة طيارة / タズカレト タイヤーラ	先払い	الـدفع مقدما / エッダフウ ムアッダマン
雲	سحاب / サハーブ	交差点	تقاطع / タアートゥ	酒 ▶	خمر / ハムル
暗い ⓓ	ضلمة / ダルマ	工事	أعمال البنـــاء / アアマーレル ベナー	座席 ⓓ	كرسي / コルスィ
クラブ	نادي / ナーディ(スポーツ系クラブ，上流階級の社交場)	交通	مرور / モルール	撮影する(写真/動画)	صور / サウワル
クリーニング	تنظيــف / タンディーフ	交通事故 ⓓ	حادثة مرور / ハドセト モルール	サッカー	كرة القـدم / コラテル アダム
繰り返す	كرر / カッラル	強盗 ⓓ	سرعة بالإكراه / セルアト ベル エクラーハ	砂糖	سكر / ソッカル
クレーム	شكوى / シャクワ	声	صوت / ソート	寒い ⓓ	بـارد / バーレド
加える	ضاف / ダーフ	小切手 🔒	شيك / シーク	サンダル 🔒	شيشــب ، صــندل / サンダル, シェブシェブ
		国際運転免許証	رخصة سواقة دولية / ロフセト セワーア ダウレイヤ		
け		故障した ⓓ	عطلان / アトラーン	**し**	
警察	شرطة / ショルタ	小銭 🔒	فكة / ファッカ	塩 ▶	ملح / マルフ
ケーキ ▶	جاتوه / ガトー	骨折 ⓓ	كسر / カスル	時間(とき)	وقت / ワクト
外科	الجراحة / エッゲラーハ	小包	طرد / タルド	至急	حالا / ハーラン
ケガをする ⓓ	اتجرح / エトガラハ、エッガラハ	断る	رفض / ラファド	時刻表 ⓓ	جدول / ガドワル
化粧品 🔒	مستحضرات تجميل / モスタハダラート タグミール	ゴミ	زبالة / ゼバーラ	仕事	شغل / ショグル
血圧	ضغط الـدم / ダグテッ ダム	ゴミ屋さん	زبال / ザッバール	時差 ⓓ	فرق التوقيت / ファルエッ タウキート
血液型 ⓓ	فصيلة الـدم / ファスィーレテッ ダム	コプトの、コプト教徒(男性)	قبطــي / エブティ	試食する(試してみる) ▶	جرب / ガッラブ
下痢	إسهال / エスハール	コプトの、コプト教徒(女性)	قبطية / エブテイヤ	静かな	هادي / ハーディ
県	محافظة / モハフザ	壊れもの ⓓ	كسور / カスール	自然	الطبيعة / エッタビーア
ケンカ	خناقة / ヘナーア	壊れる	اتكسر / エトカッサル	下着 🔒	ملابس داخلية / マラーベス ダーヘレヤ
玄関	بـاب ، مدخل / マドハル, バーブ	混雑した	زحمة / ザハマ	下	تحت / タハト
元気な ⓓ	نشـط / ナシート	コンセント	بريزة / バリーザ	試着する	قاس / アース
現金 🔒	كاش / カーシュ	**さ**		質問	سؤال / ソアール
検査	تفتيــش / タフティーシュ	サービス	خدمة / ヘドマ	指定席	كرسي محجوز / コルスィ マハグーズ
こ		再発行	إعادة إصدار / エアーデト エスダール	支払う 🔒	دفـع / ダファア
恋人	حبيــب / ハビーブ			持病	مرض مزمن / マラド モズメン

日本語	アラビア語	読み
紙幣	عملة ورقية	オムラ ワラエイヤ
脂肪	دهن	デヘン
事務所	مكتب	マクタブ
閉める・閉じる	قفل	アファル
蛇口	حنفية	ハナフェイヤ
シャワー	دش	ドッシュ
宗教	دين	ディーン
住所	عنوان	エンワーン
充電する	شحن	シャハン
週末	نهاية الأسبوع	ネハーヤテル オスブーウ
重要な	مهم	モヘンム
修理する	صلح	サッラハ
宿泊する	بات	バート
手術	عملية	アマレイヤ
出血する	نزف	ナザフ
出発する	مشي	メシ
首都	عاصمة	アーセマ
趣味	هواية	ヘワーヤ
準備ができた	مستعد	モスタエッド
紹介する	قدم	アッデム
乗客	راكب	ラーキブ
上司	رئيس	ライエス
症状	عرض	アラド
招待する	عزم	アザム
使用中	مستعمل	メスタアメル
消防署	مطافي	マターフィ
証明書	شهادة	シャハーダ

日本語	アラビア語	読み
正面に	قدام	オッダーム
ジョーク	نكتة	ノクタ
食あたり	تسمم	タサンモム
食事	وجبة	ワグバ
食欲	نفس	ネフェス
処方箋	روشتة	ロシェッタ
知らせる	خبر	ハッバル
知る	عرف	エレフ
信号	إشارة المرور	エシャーラテル モルール
申告する	صرح	サッラハ
新婚旅行	شهر العسل	シャハレル アサル
診察	كشف	カシュフ
寝室	أوضة النوم	オドテン ノーム
親戚	قريب	アリーブ
診断書	تقرير طبي	タッリール テッビ
新聞	جرنان	ゴンナーン

す

日本語	アラビア語	読み
睡眠	نوم	ノーム
スーツケース	شنطة سفر	シャンテト サファル
好きだ	حب	ハッブ
過ぎる	فات	ファート
すぐに	بسرعة	ベソルア
涼しい	طراوة	タラーワ
砂嵐	خماسين	ハマスィーン
すばらしい	هايل	ハーイェル
スフィンクス	أبو الهول	アブル ホール
住む	ساكن	サーケン
スリ	نشال	ナッシャール
座る	قعد	アアド

せ・そ

日本語	アラビア語	読み
税	ضريبة	ダリーバ
請求書	فاتورة	ファトゥーラ
税込みの	شامل الضريبة	シャーメレッ ダリーバ
精算する	دفع الحساب	ダファエル ヘサーブ
成人	سن الرشد	センネッロシュド
生誕祭 (聖者や預言者)	مولد	ムーレド

★ 電話・通信編 ★

日本語	アラビア語	読み
電話	تلفون	テレフォーン
公衆電話	تلفون عام	テレフォーン アーンム(壊れていることが多い)
県内通話	مكالمة محلية	モカルマ マハッレイヤ
県外通話	مكالمة محافظات	モカルマ モハファザート
国際電話	مكالمة دولية	モカルマ ダウレイヤ
電報電話(郵便)局	سنترال	センテラール
携帯電話	موبيل	モバイル
ファクシミリ	فاكس	ファクス
テレフォンカード	كارت تلفون	カルト テレフォーン
電話帳	دليل التلفون	ダリーレッ テレフォーン
郵便局	مكتب البريد	マクタベル バリード
航空便	البريد الجوي	エルバリーデッ ガウウィ
船便	السفينة	ベッ サフィーナ
切手	طابع	ターベウ
インターネット	إنترنت	インテルネット
インターネットカフェ	كافيه للإنترنت	カフェ レル インテルネット

日本語	アラビア語	日本語	アラビア語	日本語	アラビア語
生理	دورة شهرية ダウラ シャハレイヤ	訪ねる	زار ザール	ちょっと	شوية シュワイヤ
背が高い	طويل タウィール	立ち上がる	قام アーム	鎮痛剤	مسكن モサッケン
背が低い	قصير オサイイェル	楽しむ	اتمتع エトマッタア		つ
咳	كحة コッハ	タバコ	سجارة セガーラ	追加する	ضاف ダーフ
席（乗り物）	كرسي コルスィ	タバコを吸う	دخن / شرب سجاير シェレブ サガーイェル/ダッハン	通路	ممر ママッル
席を予約する （レストラン）	حجز الطريزة ハガゼッ タラベーザ	打撲	كدمة カドマ	疲れた	تعبان タアバーン
窃盗	سرقة セルアア	だます	ضحك على ... デヘク アラ …	次の	تاني ターニ
世話をする （病人や子供の）	اخد بال ... ハド バール …	試す	جرب ガッラブ	続ける	استمر في ... エスタマッラ フィ…
ぜんそく	ربو ラブウ	断食	صيام セヤーム	包む	لف ラッフ
洗濯する	غسل ガサル	断食している	صايم サーイェム	爪	ضفر ドフル
洗濯物	غسيل ガスィール	断食後の夕食 （ラマダーン月）	إفطار エフタール	爪切り	قصافة الضوافر アッサーフェテッ ダワーフェル
騒音	دوشة ダウシャ	誕生日	عيد ميلاد イード ミラード	冷たい	بارد バーレド
掃除する	نظف ナッダフ		ち		て
早朝	الصبح البدري エッソブヘル バドリ	血	دم ダンム	手当て	علاج エラーグ
外に	برة バッラ	小さい	صغير ソガイヤル	テイクアウト	تيك أوي テーク アウェー
	た	地下鉄	مترو メトロ	定刻どおりに	في المعاد フェル マアード
体温	درجة حرارة الجسم ダラゲト ハラーレテッ ゲスム	チケット売り場	شباك تذاكر シェッバーク タザーケル	ティッシュ	منديل ورق メンディール ワラッ
体温計	ترمومتر テルモメトル	地図	خريطة ハリータ	出口	مخرج マハラグ
退屈する	مل マッル	チップ	بقشيش バッシーシュ	デザート	حلو ヘルウ
滞在	إقامة エカーマ	中古の	مستعمل モスタアマル	手数料	رسم ラスム
大使館	سفارة セファーラ	注射	حقنة ホッナ	手荷物	أمتعة شخصية アムテア シャハセイヤ
大丈夫です	كله تمام コッロ タマーム	駐車禁止	ممنوع الانتظار マムヌーエル エンテザール	テロ	إرهاب エルハーブ
高い （高さが）	عالي ، طويل タウィール、アーリ	駐車場	موقف マウアフ	天気	الجو エッガウウ
高い （値段が）	غالي ガーリ	昼食	غدا ガダ	電気 （灯り・照明）	لمبة ランバ
助けて！	الحقوني! エルハウーニ	朝食	فطار フェタール	天気予報	النشرة الجوية エンナシャレテッ ガウウェイヤ
助ける	ساعد サーエド	直進する	مشي على طول メシ アラ トゥール	伝言	رسالة レサーラ
尋ねる	سأل サアル	直行便	طيارة مباشرة タイヤーラ モバーシュラ	店主	صاحب المحل サーヘベル マハッル

日本語	アラビア語 / 読み
電池	بطارية バッタレイヤ

と

日本語	アラビア語 / 読み
トイレ	تواليت トワレット
到着する	وصل ウェセル
盗難	سرعة セルア
同伴する	راح مع… ラーハ マア…
同僚	زميل ゼミール
道路	طريق タリーッ
登録する	سجل サッゲル
遠回り	طريق مش مباشر タリーッ メシュ モバーシェル
通り	شارع シャーレウ
時計	ساعة サーア
途中で	على الطريق アラッ タリーッ
徒歩で	على الرجلين アラッ レグレイン
友だち	صاحب サーヘブ
ドライヤー（髪）	سشوار セショワール
トラベラーズチェック	شيك سياحي シーク セヤーヒ
取り扱い注意	تحذير من المعاملة タハズィール メナル ムアムラ
取引	تجارة テガーラ
泥棒	حرامي ハラーミ
トンネル	نفق ナファッ

な・に

日本語	アラビア語 / 読み
名前	اسم エスム
内科	عيادة باطنة エヤーダ バーテナ
ナイフ	سكينة セッキーナ
直す（故障を）	صلح サッラハ
治る（病気が）	شفي シェフィ
長い	طويل タウィール
眺めのいい	جميل المنظر ガミールル マンザル
なくす	ضيع ダイアア
なぜ	ليه؟ レー↓
夏時間	التوقيت الصيفي エッタウキーテッ セーフィ
におい	ريحة リーハ
においをかぐ	شم シャンム
荷物（手荷物）	شنطة シャンタ
入場料	رسم دخول ラスム ドフール
尿	بول ボール
庭	جنينة ゲニーナ

ね・の

日本語	アラビア語 / 読み
値段・価格	سعر セウル
熱がある（…に）	حرارة … عالية ハラーレト … アリヤ
ネットに接続する	اتصل بالإنترنت エッタサル ベル インテルネット
眠い	نعسان ナアサーン
眠る	نام ナーム
捻挫する	جزع ガザア
喉	زور ゾール
喉が渇く	عطشان アトシャーン
飲み物	مشروب マシュループ
飲む	شرب シェレブ
乗り換える	حول ハウェル
乗り損なう（私が、電車に）	القطر فاتني エルアトル ファートニ
乗り物酔い（自動車）	دوار العربية ドワーレル アラベイヤ
乗り物酔い（船）	دوار البحر ドワーレル バハル
乗る	ركب レケブ
のんびりする	استريح エスタライヤハ

は

日本語	アラビア語 / 読み
歯	سنة センナ
パーティー	حفلة ハフラ
肺炎	إلتهاب رئوي エルテハーブ ラアウィ
バイク	موتوسيكل モトセクル
歯医者	دكتور أسنان ドクトール アスナーン
歯痛	وجع سنا ワガウ セナーン
入る	دخل ダハル
吐き気のする	مقيئ モカイエッ
吐く	رجع ラッガア
運ぶ	شال シャール
始まる	بدأ バダッ
パジャマ	بيجامة ビジャーマ
場所	مكان マカーン
バス（大型）	أوتوبيس オトビース
バス（小型)	ميني باص ミニバース

★ 両替編 ★

日本語	アラビア語 / 読み
両替	تغيير العملة タグイーレル オムラ
銀行	بنك バンク
両替所	صرافة セラーファ
為替レート	سعر العملة セウレル オムラ
ポンドに両替してください	عاوز أغير ده لجنية مصري アーウェズ アガイヤル ダ レ ギネ マスリ
小銭もまぜてくださいませんか?	ممكن تديني فكة كمان? モムケン テッディーニ ファッカ カマーン!
為替レートはいくらでしょうか?	سعر العملة كام النهاردة? セウレル オムラ カーム エンナハルダ↓
外貨交換証明書	وصل تغيير العملة ワスル タグイーレル オムラ

日本語	アラビア語
バス(ワンボックス)	ميكروباص ミクロバース
バスターミナル	موقف الأوتوبيسات マウエフェル オトビサート
パソコン	كمبيوتر コンビユータル
働く	اشتغل エシュタガル
発行する	أصدر アスダル
発車する	العربية مشيت エルアラベイヤ メシイェト
パトカー	عربية الدورية アラベイヤテッ ドウレイヤ
話す	اتكلم エッカッレム
歯ブラシ ▲	فرشة سنان フォルシェト セナーン
歯磨き粉 ▲	معجون سنان マアグーン セナーン
早い(時間)	بدري バドリ
速い(スピード)	سريع サリーウ
晴れた	مشمس モシュメス
番号	نمرة ニムラ
絆創膏	بلاستر ベラスタル
反対側の	قبال、 قصاد オサード、オバール
半日の ●	بتاع نص يوم ベターウ ノッス ヨーム

ひ

日本語	アラビア語
ビーチ	بلاج ベラージュ
被害	ضرر ダラル
日帰り旅行	رحلة ليوم واحد レフレト レ ヨーム ワーヘド
低い	واطي ワーティ
ヒゲ(顎髭)	دقن ダッン
ヒゲ(口髭)	شنب シャナブ
ヒゲや頭を剃る	حلق ハラッ
飛行機で	بالطيارة ベッ タイヤーラ
左	شمال シェマール

日本語	アラビア語
ピッタリの(サイズが) ▲	مظبوط マズブート
必要な	محتاج إلى … メフターグ エラ…
110番/119番	الشرطة 122 الشرطة السياحية 126 الإسعاف 123 (122=警察、126=観光警察、123=救急)
日焼け	حروق الشمس ホルーエッ シャムス
日焼け止め ▲	واقي من الشمس ワーイ メネッ シャムス
病院	مستشفى モスタシュファ
病気	مرض マラド
標識	علامة مرور アラーマト モルール
ピラミッド	هرم ハラム
拾う	شال シャール
広場	ميدان ミダーン
貧血	فقر دم ファアル ダンム

ふ

日本語	アラビア語
不安な ●	قلقان アルアーン
ブーツ ▲	بوت ブート
夫婦	زوجين ゾゲーン
腹痛	مغص マガス
二日酔い	سكران من امبارح لغاية النهارده サクラーン メネンバーレフ レガーイェテン ナハルダ
不動産屋	سمسار セムサール
冬時間	التوقيت الشتوي エッタウキーテッ シェトウィ
ブラシ	فرشة フォルシャ
古い ●	قديم アディーム
プリントする(写真)	طبع タバア
フロント	مكتب الاستقبال マクタベル エステッバール
紛失する	ضيع ダイヤア

へ

日本語	アラビア語
平日	أيام العمل アイヤーメル アマル
変圧器	محول كهربا モハウウェル カハラバ
変更する	غير ガイヤル
便	براز ボラーズ
便秘	إمساك エムサーク
返品する ▲	رد البضاعة ラッデル ベダーア

ほ

日本語	アラビア語
方向	اتجاه エッテガーハ
暴行	عنف オンフ
帽子 ▲	برنيطة ボルネータ
包帯	ضمادة ドマーダ、ダマーダ
ポーター	شيال シャイヤール
ホーム(駅)	رصيف ラスィーフ
保険	تأمين タッミーン
保険料	رسوم التأمين ロスーメッ タッミーン

ま

日本語	アラビア語
迷子になる ●	تاه ターハ
前に(位置)	قدام オッダーム
前もって	مقدما モアッダマン
曲がる	حود ハウウェド
混ぜる	خلط ハラト
まずい(味) ●	طعمه وحش タアモ ウェヘシュ
待合室	قاعة الانتظار カーアテル エンテザール
間違い	خطأ ハタッ
マッチ ●	كبريت カブリート
祭(祝祭、祭日)	عيد イード

日本語	アラビア語 / 読み
窓	شباك / シェッバーク
間に合う	جه في الوقت / ゲ フェル ワット
眉	حاجب / ハーゲブ
慢性の	مزمن / モズメン
満席だ	مافيش مكان / マフィーシュ マカーン
満足している ◎	مقتنع / モクタネウ

み

日本語	アラビア語 / 読み
右	يمين / イェミーン
短い	قصير / オサイイェル
湖	بحيرة / ブヘーラ
未成年	قاصر / アーセル
見せる	وري / ワッラ
道に迷う ◎	تاه / ターハ
ミネラルウォーター ■	مية معدنية / マイヤ マアダネイヤ
脈拍	نبض / ナブド
みやげ ■	هدية / ヘディヤ
名字	اسم العائلة / エスメル エーラ

む・め

日本語	アラビア語 / 読み
無料の	مجاني / マッガーニ
名所	مكان معروف / マカーン マアルーフ
眼鏡 ■	نظارة / ナッダーラ
目薬	قطرة / アトラ
目覚まし時計	منبه / メナッベフ
目印	علامة / アラーマ
珍しい ◎	نادر / ナーデル
めまい	دوخة / ドーハ
免税店 ■	السوق الحرة / エッスーエル ホッラ

も

日本語	アラビア語 / 読み
申し込む	طلب / タラブ
毛布	بطانية / バッタネイヤ
モーニングコール ◎	مورنج كول / モルニング コール
目的	هدف / ハダフ
目的地	وجهة / ウェグハ
もしもし (電話をかけて) ◎	ألو / アロー↑
モスク	مسجد / マスゲド
モスク (大きいもの)	جامع / ガーメウ
持っていく	أخذ、خد / ハド、アハド
持ってくる	جاب / ガーブ
戻ってくる	رجع / レゲウ

や・ゆ

日本語	アラビア語 / 読み
火傷	حرق / ハルッ
安い (値段が) ■	رخيص / レヒース
薬局	صيدلية / أجزخانة / アグザハーナ / サイダレイヤ
山	جبل / ガバル
軟らかい	ناعم / ナーエム
憂鬱な ◎	مكتئب / モクタエブ
有効な ◎	صالح / サーレフ
夕食 ■	عشا / アシャ
郵便番号	رقم بريدي / ラカム バリーディ
有名な ◎	مشهور / マシュフール
緩い (衣服が) ■	واسع / ワーセウ

よ

日本語	アラビア語 / 読み
幼児	طفل / テフル
浴室	حمام / ハンマーム
浴槽	بنيو / バニヨ
横になる	نام سوية / ナーム シュワイヤ
汚れた ◎	وسخ / ウェセフ
酔った	سكران / サクラーン
呼ぶ	نده / ナダハ
予約する ■	حجز / ハガズ
弱い	ضعيف / ダイーフ

ら・り

日本語	アラビア語 / 読み
ライター ■	ولاعة / ワッラーア
ラジオ	راديو / ラディヨ
流行の	على الموضة / アラル モーダ
両替所	صرافة / セラーファ
料金	أجرة / オグラ
領収書 ■	إيصال / イサール
料理 ■	أكلة / アクラ
旅行	سفر / رحلة / レフラ / サファル
旅行代理店	وكالة السفر / ウェカーラテウ サファル

る・れ・ろ

日本語	アラビア語 / 読み
礼拝	الصلاة / エッサラ
レジ	كاشير / カシール
路面電車	ترماي / مترو / メトロ / トロマーイ

わ

日本語	アラビア語 / 読み
わかる	فهم / フェヘム
和食 ■	أكل ياباني / アクル ヤバーニ
忘れる	نسي / ネスィ
渡る (道を)	عدى / アッダ
割引	تخفيض / タハフィード

絵を見て話せる タビトモ会話

エジプト
エジプトアラビア語 + 日本語 英語

絵を見て話せる タビトモ会話

＜アジア＞
- ①韓国
- ②中国
- ③香港
- ④台湾
- ⑤タイ
- ⑥バリ島
- ⑦ベトナム
- ⑧フィリピン
- ⑨カンボジア
- ⑩マレーシア
- ⑪インドネシア
- ⑫ネパール
- ⑬ソウル
- ⑭バンコク
- ⑮上海

＜ヨーロッパ＞
- ①イタリア
- ②ドイツ
- ③フランス
- ④スペイン
- ⑤ロシア
- ⑥フィンランド
- ⑦スウェーデン
- ⑧ポルトガル

＜中近東＞
- ①トルコ
- ②エジプト

＜アメリカ＞
- ②カナダ

＜中南米＞
- ①ペルー

＜ビジネス＞
- ①ビジネス中国語

続刊予定
- インド
- イギリス
- オランダ
- チェコ
- アメリカ
- ブラジル
- メキシコ
- ハワイ
- オーストラリア

初版印刷	2010年3月15日
初版発行	2010年4月1日
	（Apr.1, 2010, 1st edition）
編集人	大橋圭子
発行人	竹浪 譲
発行所	JTBパブリッシング
印刷所	JTB印刷

- ●企画／編集 …… 海外情報部 担当 長澤香理
- ●翻訳／執筆 …… 中町信孝、榮谷温子
- ●表紙デザイン …… 高多 愛（Aleph Zero, inc.）
- ●本文デザイン …… Aleph Zero, inc. アイル企画
- ●翻訳協力 …… 中東ビジネスサービス ㈶英語教育協議会（ELEC）／James Watt
- ●写真協力 …… バヒ トラベルエージェンシー、中田浩資、日下智幸
- ●地図 …… ジェイ・マップ
- ●イラスト …… 若山ゆりこ／霧生さなえ
- ●マンガ …… 玖保キリコ
- ●組版 …… JTB印刷

●JTBパブリッシング
〒162-8446
東京都新宿区払方町25-5
編集：☎03-6888-7878
販売：☎03-6888-7893
広告：☎03-6888-7831
http://www.jtbpublishing.com/

●旅とおでかけ旬情報
http://rurubu.com/

JTBパブリッシング

禁無断転載・複製
©JTB Publishing 2010 Printed in Japan
094465　758310　ISBN978-4-533-07853-8